후발 기업의 전략 모델에 관한 연구

- LG전자의 정수기 제품 사례 중심 -

최규성 지음

서울경제경영

| 저자소개 |

최 규 성

- LG전자 헬스케어 사업담당 상무 역임, 우리조명(주) 대표이사 사장 역임, 현재 우리메디칼 사장 재직 중.
- 신사업 추진 전문가, 비즈니스 협상 전문가.
- 중앙대학교 졸업(학사), 헬싱키 경제대 MBA(석사), aSSIST 경영학 박사.

본 도서는 서울과학종합대학원대학교 박사학위논문을 바탕으로 재편집된 것입니다.

들어가는 글

제품은 잘 만들기만 하면 팔리는 것이 아니다.

후발기업은 자사가 지닌 제반 경쟁력에 대하여 냉정하고 명확하게 규명하고 기존의 선발기업들이 미처 구현하지 못한 기능과 고객가치를 혁신을 통하여 차별화 포인트로 만들어야 비로소 시장진입이 가능하다. 시장에 진입했다고 성공을 장담할 수 없는 것이 당연한 현실이다. 기업의 내부에 지닌 모든 역량들을 활용하고 몰입하여 제대로 고객가치를 구현했을 때는 성과창출 결과도 달라 질 수 있고, 전략추진주체의 지속적인 개입과 실행의지, 전략적 사고, 내외협상력 등 전략적 리더십이 뒷받침 될 때에 비로소 선발기업에 대한 Catch-up이 가능해 지는 것이다.

다른 국가에서는 볼 수 없는 한국의 정수기시장

국내 정수기 시장은 현재도 전통강자 코웨이와 청호나이스, 신흥 브랜드인 SK매직, 쿠쿠, 바디프렌드 등에 글로벌 가전2위의 막강한 LG전가까지 가세하여 치열한 각축전을 벌이고 있다. 그러한 덕분에 정수기 시장은 매년 지속적으로 성장하는 추이를 보이고 있으며, 2006년 매출액기준 4,357억에서 10년만인 2015년엔 2조 4,000억원 대로 성장하였다. 2017년엔 2조 6,000억원 대로 예상되어 에어컨시장과 김치냉장고 시장을 합한 규모 보다 크며, 가구 보급율은 이미 60%를 상회한다고 시장에서는 밝히고 있다.

그러면 저자는 왜? 정수기 사업에 주목하였는가?

2009년 시장점유율 1위인 코웨이가 57.1%, 2위인 청호나이스가 15.9%로 73%를 두 회사가 장악하여 100여개의 군소브랜드가 난립했던 정수기 시장에서도 독특한 비즈니스 모델을 통하여 철옹성같은 진입장벽을 구축하여 도저히 비집고

들어갈 틈이 없었다. LG전자에서는 P컨설팅 회사에 정수기 사업검토를 의뢰 하였으나 독과점 점유율은 물론 고객 충성도가 95%이상(교체의사 5%미만), 2개 회사의 브랜드 인지도는 무려 각각 99%에 육박하여 시장진입이 불가능하니 사업을 포기하라고 제안을 받았다. 그러나 저자는 신사업 추진 팀장으로서 몇 가지 미래가치 때문에 끝까지 고객세분화를 요구하여 낮게는 2%에서 최대 15% 정도의 틈새시장을 찾아내어 세분화를 추진하였고, 최우선공략 고객군(Primary target)과 시장확장 고객군(Secondary target)을 확정하고 타겟고객의 구매패턴과 속성을 분석하여 디자인과 기능, 서비스 등의 차별화 포인트를 발굴하여 런칭하였다.

● LG전자가 어떤 회사인가? 왜? 신사업을 찾아야 했고 하필이면 정수기였나?

LG전자가 정수기 사업에 진입하기로 결정한 시기는 2007년 이었다. 당시에는 대형가전의 보급포화로 극심한 성장정체를 보여 성장의 활로를 찾는 것이 급선무였다. 그래서 저자는 당시 사업본부장이었던 이영하 사장의 지시로 신성장 동력발굴 타스크팀을 맏게 되었고, 고객과 시장트렌드를 분석하여 "Health"라는 키워드에 집중하였다. 통계적으로 보면 국민소득 25,000불 즈음에 폭발성을 지니는 "Health" 관련 비즈니스를 일본 등의 선진국 사례에서 확인하였고, 가전사업에서는 "Air, Water, Body"의 3가지 카테고리에서 사업의 로드맵을 수립하였다. 그런데, 저자의 눈에 "Water" 비즈니스 중에 정수기 사업은 단순한 제품판매가 아닌 유지관리 서비스가 반드시 수반되어 고객재방문이 가능하다는 것을 알았고 여기에 주목하였다. 지금까지 LG전자의 가전제품은 고객배송 후 코드연결만 마치면 고객과의 추가적인 관계는 SVC Claim이란 불편한 만남 만이 있었다.

고객과의 지속적인 접점이 없어지는 셈이다. 그런데, 정수기 사업을 하면 필터교체와 제품관리 서비스를 위해 최소한 연 3~4회의 방문이 가능했던 것이다. CRM(Customer Relationship Marketing)을 통한 교차판매(Cross Selling)가 가능할 뿐만 아니라 고객의 가전제품 사용과정을 생생하게 알 수 있어 경쟁 가전업체들이 가지지 못한 정기적인 스킨십활동을 통해 엄청난 networking이 될 수 있을 것으로 판단하였다. 그래서 중소기업이나 하는 제품을 왜? 해야되느냐?는 식의 조직내부의 강한 반대를 무릅쓰고 사업을 강하게 추진하였으며, 정교한 후발기업의 catch-up 전략을 수립하여 시장가르기와 중장기 로드맵을 그리면서 하나 씩 틈새를 공략하였다.

글로벌 사업의 기회도 가능한 정수기

무엇 보다 고객 재방문이란 강점은 한국시장 뿐 아니라 해외시장에서도 가능하리라 판단하였고 한국시장 런칭을 성공적으로 진행하면서 해외시장도 탐색하였다. 한국에서 뿐 아니라 해외시장도 정수기를 사용하는 국가가 제법 있다는 사실에 LG브랜드를 잘만 활용하면 엄청난 제품판매 뿐 아니라 다른 가전제품과의 시너지창출이 눈에 들어왔다. 일단 LG브랜드 전문판매점이 있으면서도 인지도가 높으며 서비스인프라 또한 제대로 갖춰진 국가들을 중심으로 타스크활동을 전개하였다. 최종적으로, 수질이 가장 좋지 않은 국가이면서 위에 언급한 여러 요소들을 갖춘 인도를 첫 타겟으로 정하였고, 현지에 적합한 제품과 마케팅전략을 매우 정교하게 수립하여 사업을 진행하였다. 인도 역시 모두들 불가능하다는 의견이었으나 강한 의지를 가지고 추진하여 불과 2년 만에 강력한 로컬 선발업체들의 틈새를 공략하여 성공시켰다.

후발기업의 시장진입 전략에 관한 연구

저자는 LG전자가 글로벌 2위의 가전제품 최고기업 이지만 고객과의 미래가치를 얻기 위해 주력 상품이 아닌 정수기 제품을 통해 선발업체를 추격하여 성공을 시키는 과정을 생생한 경험과 실증사례를 통해 독자들의 뇌리에 Catch-up전략의 진수를 보여줄 것으로 기대한다.

초 록

시장의 불확실성과 경쟁강도가 커지면서 기업은 더 이상 현재 영위하고 있는 시장의 지위에 만족하기 어려운 상황에 처하게 되었고, 이에 많은 기업들은 새로운 시장을 선택하여 진입하는 후발기업의 경로를 따르고 있다. 따라서 후발기업이 기대하는 목표를 달성하기 위하여 성과에 유의미한 진입전략의 중요성은 더욱 커지고 있다. 본 연구는 선발기업의 막강한 지배력이 존재하는 산업에 후발기업이 효과적으로 진입할 수 있는 전략 모델을 제시하고자 하는 목적을 가지고 있다. 이를 통해 다수의 후발기업에게 선발기업의 이점을 극복할 수 있는 전략적 시사점을 제공하고자 한다.

우선 한국시장에서의 강력한 선발업체와 어떻게 차별화전략을 전개하였는지에 대한 사례연구와 실증연구가 이뤄졌으며, 해외는 방대한 국토면적과 막대한 인구로 인하여 국제 사업의 큰 가능성을 내재하고 있는 인도시장을 최우선 추진 국가로 선정하여 진행하였다.

첫 번째 실증연구는 이론적 고찰을 기반으로 진입전략이 후발기업이 목표로 하는 재무적·비재무적 성과에 유의미한 영향을 미치는지를 연구 가설로 설정하였고, 강력한 선발기업이 선점하고 있는 정수기시장에 후발기업으로 진입한 LG 전자의 사업 본부를 대상으로 분석하였다. 연구 결과 후발기업의 내부역량 활용, 혁신 전략, 전략적 리더십 등의 진입전략은 후발기업의 재무적 성과에 유의미한 영향을 미치는 것으로 나타났으며, 비재무적 성과에는 내부역량 활용 및 전략적 리더십이 영향을 미치는 것으로 나타났다. 이는 후발기업이 자사의 경쟁력을 확인하고 후발기업에 특화된 전략 수립이 필요하다는 것을 의미한다.

두 번째 사례연구는 후발기업에 관한 이론 검토를 통해 재정위화 전략, 내부역량 활용 전략, 혁신 전략, 경영자의 리더십의 네 가지 전략 모델을 구조화하여 사례 연구에 활용하였다. 이를 통해 코웨이, 청호 등 강력한 선발기업의 우위를 극복해가며 어떻게 LG전자라는 후발자가 시장에 진입하고 안착할 수 있었는가를 살펴보았다.

LG전자가 정수기시장에 효과적으로 진입할 수 있었던 요인은 4가지로 요약할 수 있다. 첫째, LG전자는 선발기업이 하나의 시장으로 인식한 시장을 세분화하여 목표 고객을 선정하고 마케팅 전략을 추진하였고, 이를 통해 프리미엄이라는 새로운 특화 시장을 창출하여 시장에 안착할 수 있었다. 둘째, 경영자의 굽히지 않는 의지는 새로운 제품과 시장에 대한 도전을 지속하게 한 주요한 요인이었다. 셋째, LG전자는 후발기업이었음에도 불구하고 가전시장에서의 경험과 노하우를 통해 정수기의 핵심 기술에 대한 경쟁력을 보유하고 있었고, 이를 효과적으로 활용하였다. 넷째, LG전자는 스테인리스 저수조와 위생관리를 극대화한 살균 서비스, 고급스러운 디자인이라는 세 가지의 혁신적인 차별화 요인을 통해 프리미엄 시장을 창출해 낼 수 있었다.

세 번째 사례연구는 정수기 사업과 관련하여 LG전자 헬스케어 사업부가 인도 시장에 진출하기까지의 주된 동기와 시장 결정요인, 시장 접근을 위한 주요 전략에 이르기까지 각 단계별 핵심요소가 무엇이었는지 사례 연구를 통해 밝혀 보았다. 이 연구에서는 더닝과 루트의 해외 진출 결정요인과 차별화, 현지화 전략을 바탕으로 한 해외 진출 전략을 중심으로, LG전자의 인도 시장 진출 전략과 성공요인에 대하여 분석하였다. 구체적으로 LG전자가 인도 시장에 진출하게 된 동기는 치열한 가격 경쟁이 벌어지고 있는 본국 요인으로 인하여 잠재력이 큰 해외시장을 공략하는 것이 매력적이라는 판단 때문이었다.

본 연구의 시사점으로는 첫째, 아무리 강력한 선발업체가 시장을 과점하고 있더라도 고객의 마음을 파고드는 정교한 고객 분석을 통한 STP(Segmentation Targeting Positioning)전략수립과 강력한 리더의 실행의지를 통한 집요한 마케팅활동을 통하여 실질적으로 고객들에게 가치있는 수혜혜택(Benefit)을 제공한다면 결코 후발기업의 진입이 불가능하지 않다는 결과를 한국시장에서 얻었다. 둘째, 한국 기업의 인도 시장 진출에 대하여 고려해야 할 다양한 요인과 전략을 종합적으로 분석한 연구가 많지 않은 상황에서 본 연구는 향후 인도 시장 진출을 계획하는 국내 기업들이 사전에 준비해야 할 사항은 무엇이며, 어떠한 역량을 강화해야 하는지에 대한 실무적인 시사점을 제공하는 데 그 의의가 있다. 셋째, 본 연구는 후발기업이 취할 수 있는 전략 선택에 시사점과 기초 자료를 제공한다는 의미가 있으며, 다만 결과의 일반화와 높은 설명력을 보완하기 위해 타 산업 등으로 연구 대상을 넓히고, 후발기업의 성과에 대해 실제 재무적 지표를 활용하는 방안 등이 고려되어야 할 것으로 사료된다.

결론적으로 후발기업은 자사가 가진 경쟁력을 정확하게 규명하고 혁신을 통한 선발기업과의 차별화하는 전략을 추진하는 것이 성과 창출에 유효함을 확인하였고, 더불어 기업의 내부역량 활용에 따라 성과창출 결과도 달라질 수 있음을 확인하였으며, 지속적인 전략 추진의 주체로서 리더의 전략적 리더십에 따라 경제적·비경제적인 성과창출 결과도 달라질 수 있음을 확인하였다.

■ 목 차

들어가는 글 ······ iii

초 록 ······ vii

I. 서 론 1

제1절 연구의 배경 ······ 1

제2절 연구의 목적 ······ 3

제3절 연구의 구성 ······ 6

II. 후발기업의 Catch-Up 전략 9

제1절 선발기업과 후발기업의 이점 ······ 9

1.1 선발기업의 이점 ······ 9

1.2 후발기업의 이점 ······ 10

제2절 후발기업의 전략 모델 ······ 13

2.1 재정위화(Repositioning) 전략 ······ 14

2.2 전략적 리더십 ······ 14

2.3 내부역량 활용 ······ 15

2.4 혁신 전략 ······ 16

제3절 연구설계 및 방법 ······ 17

3.1 연구모형 ······ 17

3.2 연구가설 ······ 17

3.3 변수의 조작적 정의 ······ 20

3.4 자료수집 방법, 조사대상자의 특성 및 측정도구 ······ 21

3.5 측정도구의 타당성 및 신뢰성 분석 ······ 23

제4절 연구결과 및 논의 ······ 26

III. 후발기업의 국내 진출 전략 사례연구 33

제1절 정수기산업 현황 ······ 33
1.1 국내 정수기산업 개요 ······ 33
1.2 선발기업 코웨이 ······ 35
1.3 후발기업 LG전자 ······ 37
제2절 LG전자의 한국시장 진입전략 ······ 40
2.1 약점 극복을 위한 재정위화 ······ 40
2.2 전략적 리더십 ······ 42
2.3 내부역량 활용전략 ······ 44
2.4 혁신전략 ······ 45
제3절 LG전자 주요성과 ······ 48
3.1 주요성과 ······ 48
3.2 향후 과제 ······ 51

IV. 후발기업의 해외 진출 전략 사례연구 55

제1절 해외진출 방법 결정의 영향 요인 ······ 55
1.1 더닝의 절충 이론 ······ 55
1.2 루트의 진입 방식 결정요인 : 내부요인/외부요인 ······ 59
1.3 해외진출 전략 이론 ······ 60
제2절 LG전자의 인도시장 진출 배경 ······ 67
2.1 국내 정수기시장 현황 ······ 67
2.2 LG전자의 한국시장 진입 ······ 67
제3절 LG전자의 인도시장 진출 결정요인 ······ 68
3.1 현지국 요인 ······ 69

3.2 LG전자의 핵심 역량 ··· 79
제4절 LG전자의 인도시장 진입전략 ··· 88
4.1 시장에서의 고급 지위를 위한 차별화 전략 ··· 88
4.2 현지화 전략 ··· 91

V. 결론 및 시사점 93

제1절 요약 및 시사점 ··· 93
제2절 연구의 한계점 및 향후 연구 계획 ··· 99

▣ 참고문헌 ··· 103
▣ ABSTRACT ··· 113
▣ 감사의 글 ··· 117

표목차

| 표 1 | 논문의 구성 및 출처 ······ 6
| 표 2 | 설문 조사 구성 변수 ······ 20
| 표 3 | 조사표본의 특성 ······ 23
| 표 4 | 독립변수 요인분석 및 신뢰도 분석 ······ 24
| 표 5 | 종속변수 요인분석 및 신뢰도 분석 ······ 25
| 표 6 | 확인적 요인 분석 결과 ······ 27
| 표 7 | 구성개념 간 상관관계표 ······ 28
| 표 8 | 구조모형 분석 및 가설검증 결과 ······ 30
| 표 9 | Water Purifier Industry Size Growth ······ 34
| 표 10 | Water Purifier Market Share ······ 35
| 표 11 | Electronics Industry Size Growth ······ 37
| 표 12 | Sales Trend of LG Electronics Water Purifier ······ 49
| 표 13 | 연구 관점에 따른 분류 ······ 66

■ 그림목차

| 그림 1 | 논문 흐름도 ········· 7
| 그림 2 | 연구모형 ········· 17
| 그림 3 | 구조모형 분석 결과 ········· 30
| 그림 4 | Water Purifier Market Segmentation by LGE ········· 41
| 그림 5 | Water purifier market segmentation ········· 42
| 그림 6 | Comparison of Plastic Tank and Stainless Tank ········· 46
| 그림 7 | 인사이드 케어 시스템 (Inside Care System) ········· 46
| 그림 8 | Comparison of Water Purifier design ········· 47
| 그림 9 | LG전자 정수기 광고 (욕조편) ········· 53
| 그림 10 | 해외 진출 시의 결정요인 ········· 60
| 그림 11 | 인도 정수기시장규모(단위: 억$, 만대) ········· 73
| 그림 12 | 인도 정수기시장의 경쟁구도 ········· 76
| 그림 13 | LG전자 인도시장 정수기 광고 ········· 90

I 서론

제1절 연구의 배경

통상적으로 가전제품은 현대적 주거생활에 필수적으로 필요한 TV, 냉장고, 세탁기, 에어컨, 조리기기 등의 필수 가전과, 생활에 편익을 더해주는 정수기, 안마의자, 커피 머신, 가습기, 공기청정기 등의 비필수 가전으로 나눌 수 있다. 이 중 비필수 가전을 생활가전 혹은 소형가전라고 칭한다. 대체적으로 흰색 계열인 까닭에 백색가전이라고도 불리는 필수 가전은 소득수준과 연령대별로 구매유형이 다소 상이하지만 필수품이라는 인식 때문에 환경에 의한 수요 변화가 크지 않은 반면, 생활가전은 고령화, 건강, 환경, 디자인 등 외부환경에 따라 구매의 민감도가 다양하게 나타나는 특징을 가진다. 본 사례는 세계 2위권의 위상을 가진 가전 제조업체 LG전자 가전사업(H&A; Home Appliance & Air Solution) 본부의 헬스케어 사업부의 생활가전 제품 중에 강력한 선발 경쟁자가 존재하던 시점에 후발주자로서 뛰어들어 한국시장과 인도시장 등에서 성공적인 진입을 이뤄낸 정수기 사업 진입 전략을 연구 대상으로 선정하였다.

후발기업이 불리함을 극복하고 시장에 어떻게 성공적으로 진입하는지를 살펴보는 것은 경영학에서 의미있는 연구 과제로 볼 수 있다(Ethiraj & Zhu, 2008). 그럼에도 불구하고 대부분의 경영 사례연구에서는 선발기업이 경쟁에서 유리한 점을 부각시키며(Arthur, 1989; Katz & Shapiro, 1985), 기존에 없던 혁신적인 선발 제품을 활용하여 시장을 선도하는 것에 대한 연구가 주로 이루어졌다

(Lieberman & Montgomery, 1998).

그러나 특정 산업에 진출하거나 특정 제품을 출시하는 순서가 가장 앞선 기업이 선발기업이라고 할 때, 그 외의 모든 기업들은 자연스레 후발기업이 될 것이다. 진입 시점에 따라 선발기업과 후발기업을 분류한다면, 특정 사업에 먼저 진출하거나 특정 제품을 먼저 출시하는 기업만이 선발기업이고 나머지는 모두 후발기업의 위치가 될 것이다(이동현, 2005). 또한 기업의 내부 역량에 따라 선발기업과 후발기업을 분류한다고 하면 동일한 산업 내에서 우수한 역량을 갖춘 기업에 비해 상대적으로 역량이 미흡한 기업이 다수를 차지하게 될 것이다. 혹은 성과를 기준으로 분류한다고 해도 1등 기업 한 개를 제외한 모든 기업이 후발기업에 해당된다. 특정 산업에 1등 기업은 당연히 한 개밖에 존재하지 않으며, 결국 나머지는 모두 2등 이하의 후발기업이 된다.

선발기업과 후발기업의 정의는 이처럼 기준에 따라 다를 수 있지만 현실적으로 경영 현장에는 후발기업이 선발기업보다 더 많이 존재한다는 의미이다. 이와 같이 대다수의 기업들은 후발기업임에도 불구하고 대부분 선진국 출신의 선발기업의 전략에 선행 연구들의 초점이 맞춰져 있다(이동현, 2005). 따라서 다수의 후발기업에 대한 연구보다 정작 소수에 그치는 선발기업에 대한 연구가 많다는 비판을 받고 있다. 선발기업에 관한 연구의 핵심 내용은 '선발기업의 우위(first-mover advantage)'로서 선발기업이 기술 독점, 원료 또는 입지 선점, 축적된 경험 등을 통하여 후발기업의 도전을 방어한다는 것이라고 할 수 있다(Kerin., Varadarajan, & Peterson, 1992). 하지만 현실적인 구조 상 후발기업이 선발기업에 비해 다수일 수밖에 없어 후발기업의 전략에 대한 연구의 중요성은 높다고 할 수 있다.

이러한 측면에서 본 연구는 후발기업에 대한 기존 연구의 이론 배경에 기반하여 실제 사례를 분석하고 후발기업의 전략 모델을 정의하고자 한다. 특히 국내 소비재 산업 중에서 그 어떤 산업보다 선발기업이 막강한 지배력을 보이고 있는 정수기 산업을 중심으로 후발기업으로서 도전한 LG전자의 사례를 통해 후발기업의 전략 모델을 제시하고자 한다.

LG전자는 1997년 인도 백색가전 시장에 진출한 후 뛰어난 품질 경쟁력과 현지 맞춤형 시장 관리 활동으로 고객 요구를 충족하여 인도 소비자들 사이에서 고급 제품이라는 이미지를 성공적으로 구축해왔다.

인도는 인구의 급증과 도시화로 인해 안정적인 생활용수를 공급하는 데 있어 매우 큰 어려움을 겪고 있다. 깨끗한 생활용수의 확보는 현재 인도가 당면한 가장 중요한 사회적 문제들 중 하나이다. 한편 인도는 제품 구매력의 상승과 보건 의식의 향상으로 인해 도시민을 중심으로 깨끗한 물에 대한 욕구가 높아짐에 따라 정수에 대한 수요가 증가하고 있다. 실제로 델리의 정수기 보급률이 2012년 기준 25%로 인도 전체 보급률 4.8%를 훨씬 상회하고 있으며, 이는 향후 인도 정수기시장의 매우 높은 성장 잠재력을 나타낸다. 이에 본 연구에서는 정수기 사업과 관련하여 LG전자 헬스케어 사업부가 인도 시장에 진출하기까지의 주된 동기와 시장 결정요인, 시장 접근을 위한 주요 전략에 이르기까지 각 단계별 핵심요소가 무엇이었는지 사례 연구를 통해 조명하고자 한다.

제2절 연구의 목적

본 연구는 정수기 산업에 후발기업으로 진입한 LG전자를 대상으로 하였다. 정수기 산업을 대상으로 한 이유는 기술적 우위와 독특한 영업전략에 기반한 코웨이의 시장 지배력이 국내 어떤 산업보다 확고하기 때문이다. 따라서 후발기업의 Catch-up 전략과 성과를 보다 명확하게 검증할 수 있다.

현실적 구조 상 후발기업이 선발기업에 비해 다수일 수밖에 없으므로 경영학에서 후발기업의 선발기업 Catch-Up 전략 연구도 비중있게 다루어져야 할 것이다. 이런 측면에서 본 연구는 후발기업에 대한 기존 연구의 이론 배경에 기반하여 후발기업의 진입 전략을 정의하고 진입 전략이 실제 성과에 유의미한 영향을 미치는

지를 실증 분석하고자 한다. 특히 국내 소비재 산업 중에서 그 어떤 산업보다 선발기업이 막강한 지배력을 보이고 있는 정수기 산업을 중심으로 후발기업이 시도한 다양한 선발기업 Catch-Up 전략 모델의 유의성을 검증하고자 한다. 따라서 본 연구에서는 먼저 선발기업과 후발기업 각각의 이점과 후발기업의 주요 전략 이론에 대해서 고찰한 후 후발기업의 진입 전략을 정의하고 연구 가설을 설정하였다. 그리고 후발기업으로 정수기시장에 진입한 LG전자의 사업 관련 임직원을 대상으로 설문조사를 실시하여 후발기업의 내부역량 활용 전략과 혁신 활동, 전략적 리더십 등의 진입 전략이 성과에 어떤 상관관계를 갖는지 분석하였다.

본 연구에서는 강력한 선발기업이 선점하고 있는 시장에서 후발기업의 진입 전략의 성과에 대한 연구가설을 검증해 봄으로써 추후 새로운 시장에 진입하고자 하는 모든 후발기업에 전략적 시사점과 기초 자료를 제공하고자 한다.

실증분석 결과를 바탕으로 LG전자가 정수기시장에 진입하면서 취했던 주요 전략을 분석하여 전략 이론이 작용하는지를 검증하였다. 즉, 후발기업의 효과적인 진입 전략 모델을 제시하고자 연구를 진행하였으며, 마지막으로 다수의 후발기업에게 선발기업의 이점을 극복할 수 있는 전략적 시사점을 제공하고자 한다. 현재 정수기 산업 내에는 쿠쿠전자, 교원, 바디프렌드 등 다수의 기업들이 포진하고 있으나, LG전자가 진입하던 당시의 산업 경쟁구조는 코웨이와 청호의 2강 구도로 고착화되어 있었다. LG전자는 시장을 재정위화하여 진입함으로써 특화된 정수기시장이 열리게 되었다. 예컨대 쿠쿠전자가 1~2인 가구를 목표 고객으로 저가의 소형 정수기를 개발하여 진입하였고, 청호나이스는 커피와 얼음 기능이 포함된 신제품을 출시하였다. 이러한 영향은 코웨이의 시장 점유율 57.1%(2009년)가 43%(2015년)로 낮아지고(LG전자 2015), 다른 후발기업들의 진입으로 전체적인 시장 규모는 커지게 된 계기가 되었다. 단편적인 전략이 아니라 모든 역량을 동원한 종합적인 전략을 취한 LG전자의 사례는 후발기업의 전략적 선택과 관련된 기존 이론을 종합적으로 모형화하고 검증하기 위한 적절한 사례로 활용될 수 있고 수많은 후발기업들이 전략을 선택할 때 많은 시사점을 줄 것으로 예상된다.

해외시장 진출은 국제 경영 분야에서 핵심적인 주제들 중 하나이다(Edwards and Buckley 1998; Ganesh et al. 1997; Mutinelli and Piscitello 1998). 그러나 기업이 초기 해외 진출에 대한 타당성 검토를 시작하여 진입 전략을 수립하고 최종 시장 진입에 이르기까지 어떠한 단계별 과정을 거치는지 실제 사례를 통해 경험하는 것은 쉽지 않다. 이에 본 논문에서는 생활가전제품에 대한 정확한 정보 수집 및 분석, 소비자 경향 및 선진 경쟁사 분석, 시장 매력도 분석을 기반으로 높은 성장기회를 실현하고 이를 신사업화하는 과정을 연구하고자 한다. 즉 신상품개발 이후에 해외시장 진출을 전개해 나가는 전반의 과정을 기존 이론과 비교하기 위하여, 급격히 부상하는 신흥 시장인 인도 진출 사례를 통하여 고찰하고자 한다.

특히 이러한 연구가 많지 않은 상황에서, 본 연구는 향후 해외시장 진출을 계획하는 기업들에게 무엇을 준비하고 어떤 역량을 강화해야 하는지 실무적 시사점을 제공하는 데 그 목적이 있다. 동시에 이론을 통해 제시되는 해외시장 진출 과정이 실제로는 어떻게 적용될 수 있는가를 간접 체험하도록 하는 계기를 마련하고자 한다. 세부적으로는 이러한 의사결정과 전략 추진이 가능할 수 있었던 LG전자의 핵심 역량을 살펴보고, 활용 사례를 통하여 향후 인도 시장에 진출하고자 하는 기업들이 원활하게 시장에 진출하여 활발한 활동을 추진할 수 있는 방안과 미리 준비해둘 사항들, 그리고 새로운 시장에서 성과창출을 통하여 생존 전략과 사업영위의 진출 방식 등의 결과도출을 위한 방법을 제시하는 등의 목적을 가지고 작성하였다.

제3절 연구의 구성

본 연구는 〈표 1〉과 같이 총 5장으로 구성되어 있다.

┃표 1┃ 논문의 구성 및 출처

구 성	제 목	연구유형	연구모형
제 Ⅰ장	서론		
제 Ⅱ장	후발기업의 Catch-Up 전략	실증연구[1]	
제 Ⅲ장	후발기업의 국내 진출 전략 사례연구	사례연구[2]	
제 Ⅳ장	후발기업의 해외 진출 전략 사례연구	사례연구[3]	
제 Ⅴ장	결론 및 시사점		

제1장에서는 서론으로 연구배경, 연구목적, 연구의 구성으로 이루어졌으며, 제2장은 후발기업의 Catch-Up 전략으로 선발기업과 후발기업의 이점에 대하여 알아보고 후발기업이 선택해야 될 전략모델을 4가지로 제시하였다. 또한 국내 정수기시장에서의 후발기업인 LG전자가 나름대로 성공적으로 정수기 사업에 진입하게 되었는지에 대하여 실증분석을 실시하였다. 제3장에서는 LG전자의 정수기 제품 한국시장 진입사례를 강력한 선발업체인 코웨이 등의 시장경쟁 관점과 이를 극복하고 시장에 진입하는 LG전자 전략에 대하여 다양한 사례를 통하여 검증하였다. 제4장에서는 해외진출 방법 결정의 영향요인을 알아보기 위하여 더닝의 절충이론, 기업 특유 우위, 입지 특유 우위 및 내부화 우위에 대하여 살펴보았으며, 루트의 진입방식 결정 요인을 내부요인과 외부요인으로 나눠서 검토하였다. 해외진출의 전략이론은 차별화와 현지화 관점에서 검토하였으며, 한국기

---

1) 최규성, 박정열(2015), “국내 정수기시장에서의 후발기업 전략 요인에 관한 실증 연구”, 기업연구저널, 12(1), 게재예정에서 발췌하여 재편집하였다.
2) 최규성, 신호상(2016), “후발기업의 전략모델에 대한 탐색적연구: LG전자의 사례를 중심으로”, 유통과학연구, 14(10), 81-91에서 발췌하여 재편집하였다.
3) 최규성, 박정열(2015), “정수기 제품의 인도시장 진출 결정요인 및 진입전략에 관한 연구: LG전자 사례를 중심으로”, 인도연구, 20(2), 1-57에서 발췌하여 재편집하였다.

업의 인도시장 진출에 대한 연구로 이론적인 검토를 마쳤다. 더불어, 인도시장을 선택하게 된 이유와 어떤 시장 환경과 진입을 위한 차별화전략 등을 인도의 거시환경과 LG전자의 입지를 활용한 다양한 사례를 깊이 있게 연구하였다. 제5장에서는 결론과 시사점, 연구의 한계점과 향후 연구계획을 시사한다.

장	구분	내용		
제I장	연구배경	후발기업이 불리함을 극복하고 시장에 어떻게 성공적으로 진입하는지를 선행연구를 통해 알아보고 LG 정수기의 한국시장과 인도시장의 사례를 바탕으로 진입이론과 실증을 통한 후발기업 진입에 대한 연구		
	연구목적	확실한 선발업체가 있음에도 성공적인 진입을 한 사례와 실증연구를 통한 전략적 방향성 검증		
	연구의 구성	논문 구조 및 흐름도 참조		
제II장	후발기업의 Catch-Up 전략	선발기업이점 후발기업이점	후발기업 전략모델	후발기업 전략 요인 실증연구
		후발기업의 내부활용전략, 혁신활동, 전략적리더십은 성과에 정의 영향을 미침을 확인		
제III장	후발기업의 국내진출 전략 사례	정수기산업 현황	LG전자 전략	LG전자 주요성과
	연구결과	후발기업 불리함 극복 주요전략 확인		
제IV장	후발기업의 해외진출 전략 사례	해외진출 결정요인	인도시장 진출배경	인도시장 진입전략
	연구결과	인도시장 진입결정의 타당성과 차별적 제품구성 및 마케팅전략을 통한 성공요인 확인		
제V장	결론	연구의 결과 및 시사점	연구의 한계 및 향후 연구계획	

【그림 1】 논문 흐름도

II 후발기업의 Catch-Up 전략

제1절 선발기업과 후발기업의 이점

1.1 선발기업의 이점

Lieberman and Montgomery (1988)는 선발기업의 우위가 경험곡선(learning curve)과 R&D 및 특허를 통한 기술적 리더십, 투입요소와 지리적 위치 및 제품특성 공간(product characteristics space), 공장 및 장비에 대한 선행 투자와 같은 희귀 자산의 선점(preemption), 구매자의 전환비용(switching cost) 등에서 발생한다고 하였다. 즉 선발기업의 이점은 기술적 우위 뿐 아니라 유효자산선점, 브랜드이미지, 시장평판, 유통장악력, 전환비용, 규모에 의한 경제이익, 경험곡선 등이 해당된다(Lieberman & Montgomery, 1988; Kerin et al., 1992; Schnaars, 1994). 이러한 요인들은 선발기업이 만들어 놓은 진입장벽(entry barrier)의 요소로 볼 수 있다(Bain, 1956). 특히 고객 확보와 유지 측면에서 선발기업은 인지도의 우위를 얻을 수 있고, 고객들의 심리적 전환비용을 높임으로써 고객 이탈을 불편하게 하여 선발기업의 이점을 확보할 수 있다(Hauser & Wernerfelt, 1990; Lieberman & Montgomery, 1988). Schnaars (1994) 역시 이미지와 평판, 시장 선점의 기회, 기술상의 우위, 유통경로에의 접근, 경험곡선 효과, 교체비용과 더불어 상표충성도(brand loyalty), 제품 표준을 만드는 기회, 특허 등을 선발기업의 우위로 제시하였다.

다만 선발기업이 가지는 불리함으로는 기존 기업으로서의 타성(incumbent inertia), 시장 변화, 신규시장 개척에 소요되는 비용과 위험, 소비자 선호트렌드 변화에 기인한 상표충성도 약화 등이 있다(Lieberman & Montgomery, 1988; Kerin et al., 1992; Schnaars, 1994).

1.2 후발기업의 이점

후발기업의 이점은 무임승차효과(free-rider effects)와 더불어 기술과 시장 변화를 활용하거나 선발기업의 타성(inertia)등을 이용하는 것 등이 있다. 후발기업은 선발기업이 개척해 놓은 제품과 시장의 인지도(Awareness)와 선발기업의 제품으로부터 정보를 획득하여 무임승차할 수 있게 된다(Berndt, Pindyck, & Azoulay, 2003; Ethiraj & Zhu, 2008). 또한 선발기업이 미처 생각하지 못한 차별화된 포지셔닝을 바탕으로 틈새 시장을 공략할 수 있는 제품 출시가 가능하기 때문에 신속한 시장 진입이 가능하며, 성공 확률을 높이며 효율적으로 선발기업을 추격할 수 있게 된다(Urban, Carter, Gaskin, & Mucha, 1986). 특히 시장 내에서 품질이 고객에게 큰 소구점이 되는 경우에 R&D 비용이 높아지게 되는데 이러한 경우에는 선발기업보다 더 낮은 개발비용에 더 적합하고 높은 품질로 고객 니즈를 확보할 수 있어 더 유리할 수 있다(Hoppe & Lehmann-Grube, 2001).

후발기업이 시장에 늦게 진입하여 선발기업의 진입 시점과 시간차가 커질수록 선발기업의 제품을 사용하고 있는 고객층은 후발기업의 성공적인 진입에 장벽으로 작용한다. 아울러 선발기업이 후발기업의 진입 시기가 늦어짐에 따라 선발기업으로서 이점을 누리는 기간이 길어지면 시장 내의 낮은 경쟁과 독점적인 이윤을 누리게 되어 전략을 수행하거나 향후 후발기업에 대한 방어 전략에 있어 재정적인 자원이 상대적으로 풍부하게 된다. 이러한 측면은 R&D투자나 마케팅의 공격적 수행 시에 후발기업에 비해 선발기업이 유리한 이점으로 작용한다(Ethiraj & Zhu, 2008). 하지만 선발기업의 제품을 통해 후발기업들은 제품 개발 시에 이미 출시된 선발기업의 제품으로부터 다양한 정보를 획득하고 실수를 줄일 수 있는 혜택을 얻게 된다(Abernathy & Utterback, 1978; Tushman & Anderson, 1986). 따라서 시장 진입 시간차로 인한 편익 측면에서 후발기업의 우위가 선발기업의 우위를 상쇄할 여지가 존재하게 된다. 즉 시간차로 인한 편익은 제품 개발과 마케팅이라는 두 가지 측면에서 후발기업에게 이점을 제공한다. 첫째, 제품 개발 측면에서는 후발기업이 선발기업의 사례를 통한 간접 경험에 기반한 학습을 통해 고품질이나 기존과 다른 차별화된 제품을 가지고 시장에 진입하는 경우 이에 매력을 느낀 선발기업의 기존 고객이 이탈하는 등 고객 기반 이점이 상쇄될 수 있다. 특히 후발 제품의 진입시점과의 시간차가 길어질수록 품질이 향상된 제품을 출시할 가능성이 높아진다. 이는 이미 시장에 출시된 선발기업의 제품에서 획득할 수 있는 정보가 많아지게 되고, 이러한 정보에 기반하여 후발기업의 제품 기술력이 향상될 시간이 많아져 선발기업에 비해 후발기업은 고품질의 제품을 출시할 가능성이 높아지는 것이다(Ethiraj & Zhu, 2008). 둘째, 후발기업이 선발기업에 비해 시장에 진입하는 시간차가 길어지는 것은 마케팅 측면에서도 이점이 존재한다. 후발기업은 선발기업이 이미 개척해 놓은 시장에 진입하는 것으로 마케팅 비용을 상대적으로 절감할 수 있고, 오히려 선발기업이 미처 생각지 못한 포지셔닝을 찾아내어 이를 공략하는 전략을 택할 수 있으므로 유리하다(Shankar, Carpenter, & Krishnamurthi, 1998). 또한 선발기업은 고객이 기존에 없던 제품에 대해 새롭게 인식할 수 있도록 전반적으로 마케팅을 해야 하지만 후발기업은 선발기업이 고객의 인식을 형성해 놓은 정보에 더해 자사 제품의 이점을 집중적으로 부각시킬 수 있어 효율적이다. 특히 후발기업이 자금력을 충분히 보유하고 있다면 선발기업이 시장을 개척하느라 소요한 비용에 비해 보다 적은 비용을 투입하여 마케팅 효과는 커질 수 있는 효율성이 더욱 높을 것이다. 결국 후발기업이 시장에 뒤늦게 진입할수록 높은 품질에 기반하여 제품 차별화에 성공할 가능성이 높아지고, 비용 대비 효과가 높은 효율적인 마케팅이 가능해져 후발기업의 이점으로 작용할 가능성이 높다.

후발기업이 기술력에 대한 내부 지식 우위를 가진 경우에는 시장 진입 시간차를 최대한 활용하여 높은 품질과 차별화된 특성을 가진 제품을 개발하고 이를 활용하려는 전략에 집중하게 된다. 그런데 기술 역량에 기반한 제품 경쟁력을 최대한 활용하려면 기술적 역량에 상당하는 수준의 시장 관련 자산 또한 확보하고 있어야 한다(Teece, 1987). 시장 관련 자산은 마케팅 역량으로서 기업 및 제품의 브랜드충성도, 제조역량, 공급통로, 영업력, 자금력 등을 포함하는 포괄적인 개념이다(Roberts & McEvily, 2005). 마케팅 역량은 품질과 차별화 특성이 명확한 제품을 효과적으로 고객에게 공급하여 성과를 극대화할 수 있는 역할을 한다. 따라서 신규 제품을 출시할 때 영업사원과 공급망, 자금력 등을 갖춘 기업이라면 선발기업의 우위를 효과적으로 극복할 수 있게 된다(Berndt et al., 2003; Shankar et al., 1998). 특히 기술 역량을 보유한 후발기업의 제품은 선발기업 대비 높은 품질에 기반한 차별화 가능성이 더 높기 때문에 시장 개척의 부담없이 자사 제품의 이점에만 집중하여 마케팅 활동을 추진할 수 있을 것이다.

정리하면 결국 후발기업의 이점은 선발기업의 이점과 우위에 반대되어 선발기업의 불리한 점들을 토대로 다음의 세 가지로 요약해 볼 수 있다. 첫째, 후발기업은 선발기업이 시장의 불확실성을 해결하고 난 후에 진입함으로써 시장 개척의 위험을 회피하고(Wenerfelt & Karnani, 1987), 정보를 활용하여 비용을 줄일 수 있다. 둘째, 경쟁 상황에서는 기존 기술에 대체하는 기술이 나타나게 되는데 선발기업들은 이러한 움직임을 예측하고 대처하기 어렵다. 또한 고객의 욕구도 변화하기 때문에 후발기업이 이를 기회로 선발기업을 대체할 여지를 찾아낼 수 있다. 셋째, 선발기업은 제품 간의 자기잠식을 꺼려 기존 제품과 유사한 신제품을 개발하는데 소극적이 되는 등 조직 관성 현상이 발생할 수 있는데, 후발기업은 이러한 관성 요인(incumbent inertia)들에 비교적 자유롭고 선발기업의 관성 현상을 활용하여 이익을 얻을 수 있다.

제2절 후발기업의 전략 모델

Schnaars(1994)는 후발기업이 기존의 선발기업을 추월하는데 성공하여 선도기업이 된 사례28개를 제품 범주로 나누어 정리하고 개량, 고품질, 저가격 등을 경쟁우위 확보 전략으로 제시하였다. Shankar, Carpenter, and Krishnamurthi (1998)는 후발기업 제품이 선발기업 제품의 범주와 속성 등에 편승하여 선발기업의 제품을 추월할 수 있으며, 혁신적인 후발기업의 제품이 선발기업의 제품이나 비혁신적인 후발기업 제품에 비해 경쟁우위를 가진다고 하였다. 이동현(2005)은 후발 업체가 선발 업체를 따라가거나 오히려 넘어 서는 결과에 대한 전략으로 설명하였는데, 재정위화(reposition- ing) 전략, 추격 전략, 혁신 전략으로 분류하였다. 재정위화(repositioning) 전략은 산업조직론에서의 진입시점(entry timing) 또는 진입순서(entry order)를 중심으로 연구가 진행되었다. 추격 전략에서는 자원기반관점(Resource-Based View)이나 흡수능력(Absorptive Capacity), 조직학습(Organizational Learning) 등에 기반하여 연구되었다. 혁신 전략은 후발기업이 선발기업을 추격하기 위해 시장의 판도를 바꾸는 혁신을 이용한다는 관점이다. 한편 Golder and Tellis (1993)는 후발기업의 전략 요인을 시장 선점과 재무적 투자, 지속적인 혁신 등과 더불어 경영자의 의지를 주요하게 보았다. 경영자 등의 주체에 의한 리더십이 기업 성과에 큰 영향을 미친다는 것은 기존 연구들을 통해 상당히 설명되어 왔다(McDougall, Shane, & Oviatt, 1994). 이러한 후발기업의 전략 모델에 대한 기존 선행 이론을 종합하여 본 연구에서는 다음의 네 가지 전략 모델을 구조화하여 사례 연구에 활용하였다. 이는 시장 진입 시기에 따른 재정위화 전략, 기업이 보유한 내부 지식 우위와 자금력 등의 자원을 활용한 내부 역량 활용 전략, 시장의 판도를 바꾸기 위한 혁신 전략, 경영자의 리더십이라 할 수 있다.

2.1 재정위화(Repositioning) 전략

산업조직론에서는 산업과 시장의 구조가 기업의 행동을 결정하게 된다는 결정론적인 관점이 강하다. 이에 따르면 선발기업이 가진 우위의 원천은 진입 장벽과 같은 산업 구조적인 요인에 기반하고 있다고 할 수 있다. 따라서 후발기업의 전략 역시 고객이나 경쟁사 등의 외부 경영 환경 변화를 포함한 산업 구조의 변화에 기반을 두게 된다. 즉, 후발기업은 고객이나 기술의 변화에 따른 진입장벽의 변화, 경쟁사의 실수 등의 외부 환경 변화를 잘 포착하고 이러한 변화에서 기회요인을 인지하여 활용해야 한다는 것이다. 후발기업은 해당 산업 구조 내에서 일어나는 환경 변화를 주목하여 자사의 전략적 포지션(position)을 재정위화(repositioning)시킴으로써 선발기업을 따라 잡는 것이다.

2.2 전략적 리더십

전략적 리더십은 조직의 생존과 발전을 위한 변화를 강하게 주도하기 위해 필수적인 조직 비전 제시, 미래설계능력 등과 유연성 관리, 전략적 이면서도 타인과 협력능력 등이라고 정의하였다(Ireland & Hitt, 1999). 전략적 리더십에 관한 이론적 연구는 최고경영자 및 경영진, 이사회 등을 대상으로 연구하였으며(Hambrick, 1989), 경영자의 중요한 역할과 조직의 성과에 미치는 영향력 등에 대하여 이론적으로 근거를 제시해준다. 통상적으로 전략적 리더십에 대한 연구는 조직에 대해 무한책임을 지고 있는 리더들의 특성, 업무 처리 능력 및 방식이 조직의 성과에 어떻게 영향을 끼치는가에 연구중점을 두어왔다(Finkelstein & Hambrick, 1996). 전략적 리더십에 의하면 조직내 최상위 리더는 조직 내부적으로 의사결정, 미래비전창출, 조직설계, 조직 구성원 관리통제 등의 임무를 수행하면서 대외적으로는 조직이 환경변화에 적응할 수 있도록 변화 관리를 지속적으로 추진해야 한다(Ireland & Hitt, 1999). 따라서 전략적 리더십은 조직의 경영을 책임지는 주체인 리더의 특성과 업무 수행방식이 조직의 성과에 영향을 미치는 거의 모든 사항들을 포함한다고 추정할 수 있다. 이와 같이 전략적 리더의 역할을 수행하는 경영자의 특정한 상황인식은 행동의 기본 틀이 되어 결과적으로 조직의 성과에도 직접적인 영향을 미친다(Hambrick & Mason, 1984).

2.3 내부역량 활용

후발기업의 추격전략(catch-up)은 자원기반관점(Resource-Based View)에 영향을 받았다. 자원기반관점 이론에서는 기업이 보유한 내부 역량에 의하여 기업의 전략이나 경쟁력이 결정된다고 설명한다(Penrose, 1959; Wernerfelt, 1984; Prahalad & Hamel, 1990; Barney, 1991; Grant, 1991; Mahoney & Pandian, 1992; Peteraf, 1993). 자원기반관점에 근거하면 후발기업은 자사가 보유한 자원과 지식 우위 등의 역량을 활용하여 선발기업에 대한 다양한 전략과 창조적 모방 등을 추진함으로써 경쟁우위를 획득할 수 있다. 특히 이윤철·이동현(1999)은 한국 및 일본의 반도체 산업 내 기업들을 대상으로 한 연구에서 지식 보유량이 많을수록 선발기업을 신속하게 추격할 수 있다고 하였다. 또한 후발기업의 추격 전략에 대한 선행연구들은 지식 습득 측면의 흡수능력과 보유 지식의 활용 측면의 결합 능력(combinative capability)이 필요하다는 조직 학습(organizational learning) 개념에서 영향을 받았다(Cohen & Levinthal, 1990). 특히 결합 능력은 기업이 보유한 지식을 잘 결합시키고 활용하여 기술과 시장 측면의 기회를 성과로 실현시킬 수 있다는 것을 의미한다(Kogut & Zander, 1992; Spender & Grant, 1996).

한편 Lee and Lim (2001)은 기술적 역량을 활용하여 후발기업이 선발기업을 추격할 때의 추격 경로를 경로 추종형, 단계 생략형, 경로 창조형의 패턴으로 구분했다. 경로 추종형은 선발기업이 기술을 개발한 방식을 그대로 단순 모방하는 것이고, 단계 생략형은 선발기업의 중간 단계를 건너뛰는 것이며, 경로 창조형은 선발기업이 미처 만들지 못한 단계를 새롭게 만드는 것을 의미한다. 그리고 이 중 후발기업이 단계 생략형과 경로 창조형을 추구할 때 선발기업을 추월할 수 있다고 하였다.

2.4 혁신 전략

혁신 전략은 후발기업의 우위가 혁신에서 비롯된다고 주장한다. Kim & Mauborgne (1997, 2005)은 고객에게 제공하는 기존 가치를 제거, 감소, 증가, 창조하는 가치 혁신(value innovation)을 통해 기존 시장의 법칙을 깨고 비고객을 끌어들여 새로운 시장을 창출할 수 있으며 이를 통해 후발기업이 선발기업의 위치에 올라설 수 있다고 주장했다. Christensen (1997)은 선발기업들은 기존 고객들이 기대하는 수준보다 더 높아 심지어 과도한 수준의 제품개선을 추진하는 존속적 혁신(sustaining innovation)의 경향이 있다고 하였다. 반면 후발기업들은 파괴적 혁신(disruptive innovation)을 통해 급진적인 기술을 개발하여 기존 고객이나 혹은 새로운 고객들에게 제시하고 그들로부터 높은 가치를 인정받을 수 있다. Geroski (1991)는 후발기업 중 90%가 모방 전략을 통해 시장에 진입했고 10%는 혁신 전략을 활용했는데, 그 결과 혁신 전략을 이용한 기업들의 성공 가능성이 더 높았다고 하였다. Markides and Sosa (2013) 역시 유사한 주장을 하였는데, 후발기업이 선발기업 등 시장 내 기존 경쟁자들과의 경쟁에서 비즈니스 모델 혁신이 중요하다고 하였다. 즉 후발기업들은 선발기업에 대한 모방을 피하고 우수한 기술이나 특허권과 같은 우위 요소를 활용하거나 혁신적인 공격 전략을 마련해야 한다는 것이다.

제3절 연구설계 및 방법

3.1 연구모형

앞서 밝힌 것처럼 본 연구는 소수의 선발기업이 아닌 다수의 후발기업에 초점을 맞추어 후발기업의 선발기업 Catch-Up 전략 연구를 하고자 한다. 따라서 연구의 목표는 강력한 선발기업이 선점하고 있는 산업에 후발기업이 진입하기 위한 전략요인을 정의하고 이를 검증하는데 있다. 후발기업의 전략에 관한 선행 연구에 기반하여 본 연구는 다음과 같은 연구모형을 설정하였다. 후발기업의 성과에 영향을 미치는 독립변수로서 후발기업 진입 전략을 설정하였다. 세부 요인으로는 내부역량 활용 전략, 혁신 전략, 전략적 리더십을 채택하였다. 종속변수는 후발기업의 성과로 설정하였다. 세부요인으로는 재무적 성과와 비재무적 성과를 채택하였다.

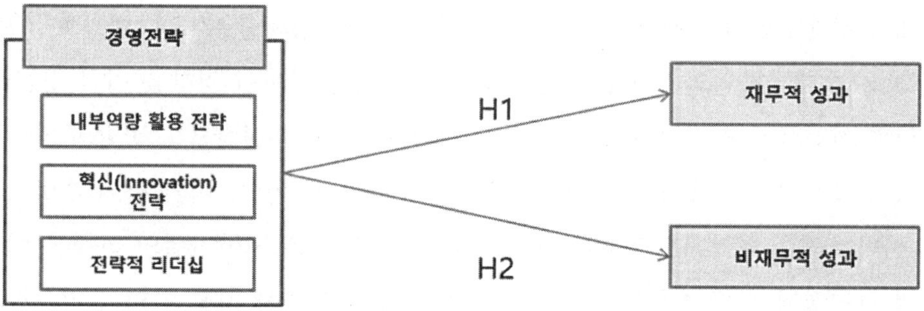

▮그림 2▮ 연구모형

3.2 연구가설

전략의 수립과정과 후발기업의 성과를 결정하는 요인에 대한 선행연구에서 내부역량 활용 정도, 혁신, 기업가의 리더십 등이 다양하게 제시되었다. 따라서 본 연구에서는 선행연구의 내용을 바탕으로 본 연구의 대상이 된 정수기 산업의 특성과 적합한 진입 전략에 영향을 미치는 요인을 선택하여 세부적 가설을 수립하였다.

기업이 급변하는 외부환경에 대응하면서 경쟁우위와 지속적인 성장을 위해서는 반드시 핵심역량을 개발해야 하며, 이러한 핵심역량은 기업이 경쟁력을 확보하는데 중요한 요소가 된다. 추승엽 등 (2009)은 기업의 전략과 기업이 보유하고 있는 역량 간에는 밀접한 관계가 있다고 하였는데, 이는 기업의 전략 수립에 기업이 보유하고 있는 역량이 영향을 미친다고 할 수 있다. 실제로 많은 기업들은 경쟁우위를 얻기 위해 차별화 전략 또는 원가우위 전략을 취하며, 이러한 전략은 효율적인 공장 운영 및 뛰어난 제조 기술, 브랜드 명성이나 가치 등의 내부역량의 기반 위에서 수립된다. 이는 최근 기업이 당면한 불확실한 외부환경과 극심한 경쟁관계 속에서 끊임없이 성장할 수 있는 가능성에 대한 해답을 핵심역량에 기반한 상대적 경쟁우위에서 찾을 수 있다고 생각할 수 있겠다. 따라서 기업이 보유한 자원 중 특별하고 우월한 내부자원이 핵심역량이라 할 수 있고, 핵심역량은 상대적 경쟁우위의 근원이 되는 중요한 선행요소라 정의할 수 있으며, 후발기업이 보유한 내부자원의 활용은 후발기업의 성과에 긍정적인 영향을 미칠 것이다.

한편 혁신성은 후발기업이 취할 수 있는 제품 차별화 전략으로 선발기업을 추월하여 목표한 점유율을 달성할 수 있는 전략 요인이 된다. 이와 같이 후발기업이 선발기업을 효과적으로 추격하기 위한 혁신 전략은 선발기업의 타성을 이용하여 차별화된 포지셔닝을 바탕으로 틈새 시장에 신속한 시장 진입이 가능하게 한다. 이러한 혁신 전략을 통해 후발기업이 뒤늦게 진입하는 시장에서의 목표 점유율을 달성할 수 있을 뿐 아니라 이를 기반으로 매출 성장에도 유의미한 영향을 미치게 될 것이다. 즉 후발기업의 혁신 전략은 후발기업의 성과에 긍정적인 영향 관계를 미치게 될 것이다.

기업의 전략을 실행하는 주체는 결국 조직을 구성하는 인적 자원이라고 할 수 있다. 특히 조직 내 의사결정권을 가지고 있는 리더의 전략적 리더십은 기업이 추진하는 전략의 지속성에 영향을 미치게 된다. 전략적 리더십은 조직 내부적으로는 전략적인 의사결정을 통해서 조직 구성원들이 조직의 목표에 몰입할 수 있도록 촉진함과 동시에 외부적으로는 환경변화에 대하여 조직이 적절하게 대응할 수 있도록 하는 역할을 수행하도록 한다. 이와 같은 전략적 리더십의 중요성을 고려할 때 전략적 리더십의 발휘 정도는 기업의 성과를 달라지게 하는 중요한 요인이 될 것이다.

따라서 본 연구에서는 후발기업이 보유한 내부역량의 활용, 혁신전략, 전략적 리더십과 후발기업의 재무적 성과와의 영향 관계를 검증하고자 다음과 같은 연구 가설을 설정하였다.

H1. 후발기업의 경영전략은 기업의 재무적 성과에 영향을 미칠 것이다.

H1-1. 후발기업이 보유하고 있는 내부역량의 활용은 기업의 재무적 성과에 정(+)의 영향을 미칠 것이다.

H1-2. 후발기업이 추진하는 혁신 전략은 기업의 재무적 성과에 정(+)의 영향을 미칠 것이다.

H1-3. 후발기업의 리더가 보유한 전략적 리더십은 기업의 재무적 성과에 정(+)의 영향을 미칠 것이다.

다음으로 본 연구에서는 후발기업이 보유한 내부역량의 활용, 혁신전략, 전략적 리더십과 후발기업의 비재무적 성과와의 영향 관계를 검증하고자 다음과 같은 연구 가설을 설정하였다.

H2. 후발기업의 경영전략은 기업의 비재무적 성과에 영향을 미칠 것이다.

H2-1. 후발기업이 보유하고 있는 내부역량의 활용은 기업의 비재무적 성과에 정(+)의 영향을 미칠 것이다.

H2-2. 후발기업이 추진하는 혁신 전략은 기업의 비재무적 성과에 정(+)의 영향을 미칠 것이다.

H2-3. 후발기업의 리더가 보유한 전략적 리더십은 기업의 비재무적 성과에 정(+)의 영향을 미칠 것이다.

3.3 변수의 조작적 정의

본 연구에서 사용되는 변수로 〈표 2〉과 같이 재무적 성과와 비재무적 성과를 종속변수로 지정하고 이에 영향을 미치는 전략적 리더십, 내부역량 활용, 혁신 전략을 변수로 각각 지정하였다.

선행연구 고찰을 통해 종속변수인 재무적 성과는 매출액 성장, 점유율 목표 달성, 투자대비 수익률, 순이익 증가율의 4개 항목으로 구성되어 있으며, 비재무적 성과는 고객만족도, 신규고객 창출, 성장 잠재력, 고객 유지의 4개 항목으로 구성하였다.

독립변수인 전략적 리더십은 개방된 분위기, 구성원 개발 지원, 동의와 지지, 조정자 역할, 목표/비전 공유, 참여적 의사결정으로 변수를 분류하였고, 내부역량 활용은 브랜드 가치 반영, 마케팅 능력, 브랜드 인지도, 서비스 대처, 투자 확대, 브랜드 가치로 분류하였다. 혁신의 경우, 고객 세분화, 디자인 매력, 표적시장 공략, 마케팅 활동 강화, 광고 및 홍보로 나누어 분석하였다.

❙표 2❙ 설문 조사 구성 변수

<table>
<tr><th colspan="2">구분</th><th>측정항목</th><th>선행연구</th></tr>
<tr><td rowspan="3">독립 변수</td><td>전략적 리더십</td><td>개방된 분위기, 구성원 개발 지원, 동의와 지지, 조정자 역할, 목표/비전 공유, 참여적 의사결정</td><td>Hambrick & Mason (1984)</td></tr>
<tr><td>내부역량 활용</td><td>브랜드 가치 반영, 마케팅 능력, 브랜드 인지도, 서비스 대처, 투자 확대, 브랜드 가치</td><td>Porter(1985), 추승엽 등(2009)</td></tr>
<tr><td>혁신</td><td>고객 세분화, 디자인 매력, 표적시장 공략, 마케팅 활동 강화, 광고 및 홍보</td><td>Porter(1985), Miller(1987)</td></tr>
<tr><td rowspan="2">종속 변수</td><td>재무적 성과</td><td>매출액 성장, 점유율 목표 달성, 투자대비 수익률, 순이익 증가율</td><td>Gupta & Govindarajan (1984)</td></tr>
<tr><td>비재무적 성과</td><td>고객만족도, 신규고객 창출, 성장 잠재력, 고객 유지</td><td>강병오(2011)</td></tr>
</table>

3.4 자료수집 방법, 조사대상자의 특성 및 측정도구

본 연구는 후발기업이 취하는 진입 전략과 성과와의 영향 관계를 검증하는데 있다. 따라서 연구 목적에 맞게 설문조사를 실시하였다. 특히 선발기업의 강력한 선점이 존재하는 시장에 후발기업이 진입할 경우 진입 전략의 성과가 보다 분명하게 드러날 수 있다. 따라서 본 연구에서의 조사대상은 코웨이라는 강력한 선발기업이 선점하는 정수기 산업에 후발기업으로 진입한 LG전자를 대상으로 하였다. 정수기시장은 상대적으로 선발기업의 경쟁 우위가 확고한 위협 요인 뿐 아니라 코웨이 제품과의 비교를 통해 차별화가 가능하다는 기회 요인도 역시 존재하는 시장으로 판단할 수 있다. 더불어 LG전자는 정수기시장 진입 당시 가전 산업에서의 노하우를 기반으로 내부역량을 확보하고 있어 이를 전략적으로 활용할 수 있는 상황에 놓여 있었다. 이러한 상황에서 정수기시장에 진입하기 위하여 LG전자는 모든 역량을 동원한 종합적인 전략을 취하게 되었다. 따라서 LG전자는 후발기업이 취할 수 있는 진입 전략의 요인들과 성과와의 관계를 검증할 수 있는 적절한 상황에 놓여 있다고 할 수 있다. 본 연구에서는 LG전자 내 정수기 사업과 관련된 H&A(Home Appliance & Air Solution) 사업본부의 구성원을 대상으로 2016년 7월 11일부터 8월 2일까지 약 한 달에 걸쳐 설문조사를 실시하였다.

본 설문조사의 척도는 LG전자 정수기 사업 부문에서 후발기업 진입 전략 결정에 영향을 미치는 요인을 측정하기 위하여 다국적 컨설팅 업체에 의뢰하여 만든 설문지를 참조하였다. 최초 설문 문항에서 본 조사와 무관한 문항 제외하였으며, 회사 내부 사정과 관련한 일부 민감한 문항은 수정보완하여 사용하였다.

설문지는 기업의 민감한 부분이 많은 관계로 설문 작성 전에 전화 또는 방문을 통해 자세히 설명한 후에 직접 기입하는 방식으로 설문을 받았다. 설문지는 총 250부가 배포되었고, 이 중 107부가 회수되었으며, 불성실한 응답을 제외하고 102부가 실증분석에 사용되었다.

통계적인 분석을 위하여 SPSS 23.0을 활용하여 다음과 같은 분석기법을 사용하였다. 첫째, 설문응답자의 일반적 특성을 분석하기 위하여 빈도분석(frequency analysis)을 하였고, 설문응답자의 빈도와 백분율을 구하여 응답자의 상황을 분석하였다. 둘째, 각 설문 문항의 타당도 분석을 위해 요인분석을 하였으며, Cronbach α를 활용하여 신뢰도를 평가하였다. 셋째, 후발기업의 진입 전략 요인이 성과에 미치는 관계를 분석하기 위해구조방정식모형분석(structural equation model analysis)을 실시하였다.

본 연구의 표본이 가지는 일반적 특성은 〈표 3〉과 같다. 먼저 연령으로 보면 40대 이상이 70%, 30대가 28%, 20대가 2%로 나타났다. 40대 이상이 가장 많은 빈도를 보이고 있으며, 이는 응답자 중 근무년수 12년 이상이나 임원 및 부장 직급자가 많은 특성과도 상통하는 결과로 판단할 수 있다. 근무년수는 12년 이상이 가장 많은 65%를 나타내고 있으며, 직급은 임원 및 부장이 60%로 상당수의 응답자가 조직의 전략 또는 성과에 대한 이해를 가지고 있는 관리자에 해당한다고 할 수 있다.

한편 응답자가 근무하는 부서는 연구개발 부서가 46%, 기획/마케팅 부서 38%, 구매/물류 부서 7%, 인사/총무 부서 5%, 재무/회계 부서 4% 순으로 나타났다.

Ⅰ표 3Ⅰ 조사표본의 특성

변 수	구 분	빈도(명)	퍼센트(%)
연령	20대	2	2
	30대	28	28
	40대 이상	72	70
근무년수	3~5년	20	20
	6~8년	11	11
	9~11년	4	4
	12년 이상	67	65
직급	대리 이하	18	18
	과장 및 차장	22	22
	임원 및 부장	62	60
근무부서	기획/마케팅 부서	39	38
	재무/회계 부서	4	4
	인사/총무부서	5	5
	연구개발부서	47	46
	구매/물류 부서	7	7
합계		102	100

3.5 측정도구의 타당성 및 신뢰성 분석

연구모형에 포함된 변수들의 타당성(validity)을 조사하기 위해 응답자의 일반적 특성을 제외한 후발기업의 진입 전략의 특성요인 항목들에 대한 요인분석을 실시하였다(표 4 참고).

▌표 4▐ 독립변수 요인분석 및 신뢰도 분석

특성요인	측정항목	성분		
		1	2	3
진입전략_ 전략적리더십	참여적 의사결정	**.870**	.237	.318
	동의와 지지	**.862**	.333	.242
	조정자 역할	**.839**	.355	.302
	개방된 분위기	**.839**	.264	.344
	구성원 개발 지원	**.776**	.359	.347
	목표/비전 공유	**.764**	.319	.427
진입전략_ 내부역량활용	브랜드 가치 반영	.285	**.795**	.271
	투자 확대	.366	**.750**	.
	브랜드 가치	.260	**.748**	.341
	마케팅 능력	.338	**.746**	.215
	브랜드 인지도	.125	**.721**	.392
	서비스대처	.247	**.701**	.297
진입전략_ 혁신	고객 세분화	.230	.253	**.811**
	광고 및 홍보	.300	.246	**.781**
	마케팅 활동 강화	.341	.366	**.742**
	표적시장 공략	.376	.277	**.712**
	디자인 매력	.348	.247	**.680**
	요인 고유값	10.629	1.484	1.229
	설명 변량	62.254	8.729	7.229
	신뢰도 계수	.975	.911	.911

Kaiser-Meyer-Olkin=.938, Bartlett's test of sphericity=1792.997, df=136, sig=.000

주성분분석(principal component analysis)을 이용하여 요인을 추출한 후 VARIMAX 방법을 이용하여 직각 회전하였다. 문항의 선택 기준은 고유 값(eigen value)이 1 이상이며, 요인적재값은 0.6이상을 기준으로 하였다. 분석결과, 고유 값(eigen value)은 모두 1 이상으로 나타났으며 특성항목별로 각 항목이 속한 요인에 대해 0.6을 초과하는 높은 적재량을 지닌 것으로 나타났다. 따라서 측정항목들의 타당성이 검증되었다.

신뢰도는(reliability)는 측정대상을 여러 번 측정하였을 때에도 동일한 결과가 나타나고, 어떤 지표를 구성하는 항목들 간에 일관성이 존재한다는 것을 의미하는데 본 연구에서는 Cronbach's α 계수를 이용하여 신뢰도를 검증하였다. 〈표 4〉에서 제시된 신뢰성 계수를 보면 모든 특성요인에 대해 0.7을 넘어 Nunnally(1978)가 제시한 최소 기준을 충족시켜 구성항목 간의 내적 일관성이 확보되었다는 것을 의미한다.

다음으로 종속변수인 재무적 성과와 비재무적 성과의 특성요인 항목들에 대한 요인분석을 실시하였다(표 5 참고).

| 표 5 | 종속변수 요인분석 및 신뢰도 분석

특성요인	측정항목	성분	
		1	2
재무적 성과	투자대비 수익률	**.906**	.372
	순이익 증가율	**.898**	.392
	매출액 성장	**.862**	.382
	점유율 목표 달성	**.857**	.314
비재무적 성과	성장 잠재력	.316	**.907**
	고객 유지	.374	**.841**
	신규고객 창출	.377	**.833**
	고객만족도	.341	**.810**
	요인 고유값	5.989	1.029
	설명 변량	74.859	12.859
	신뢰도 계수	.967	.937

Kaiser-Meyer-Olkin=.897, Bartlett's test of sphericity=1045.618, df=28, sig=.000

마찬가지로 주성분분석(principal component analysis)을 이용하여 요인을 추출한 후 VARIMAX 방법을 이용하여 직각 회전한 결과, 고유 값(eigen value)은 모두 1 이상으로 나타났으며 특성항목별로 각 항목이 속한 요인에 대해 0.8을 초과하는 높은 적재량을 지닌 것으로 나타났다. 따라서 측정항목들의 타당성이 검증되었다. 신뢰성 계수 역시 모든 특성요인이 0.7을 넘어 내적 일관성이 확보되었다.

제4절 연구결과 및 논의

본 연구에서 제시한 가설과 가설 검증을 위해 후발기업의 진입 전략 요인으로 구분하여 비재무적 성과 및 재무적 성과에 미치는 영향에 대한 실증분석 결과를 토대로 가설을 검증하였다. 이를 위해서 본 연구는 AMOS를 이용하여 확인적 요인분석을 실시하였다. 확인적 요인분석을 통해 모델의 적합도를 평가할 수 있고, 관측변수와 잠재변수간의 요인부하량을 측정할 수 있다. 이를 바탕으로 구성개념타당성을 측정할 수 있으며, 구성개념타당성은 집중타당성과 판별타당성 등으로 판단한다.

먼저 각 변수에 대한 확인적 요인분석 결과는 〈표 6〉과 같다. 집중타당성을 확인하기 위해서는 요인부하량과 유의성 값을 측정해야 한다. 요인부하량의 기준 값은 0.5 이상, 유의성의 기준 값은 C.R.=1.965 이상이며, 요인부하량의 경우 0.7 이상이면 좋은 값이라고 판단한다(류귀진 외, 2016). 분석결과, 모든 요인의 표준화된 요인부하량이 0.7 이상인 것으로 나타났으며, C.R. 값은 1.965 이상인 것으로 나타났다. 측정 모델을 평가하고 집중타당성을 측정하는 또 다른 방법으로 개념신뢰도(construct reliability)와 평균분산추출(AVE) 값이 있다. 개념신뢰도 값은 0.7 이상, AVE 값은 0.5 이상일 때 수용할 수 있다고 판단한다(배병렬, 2014). 분석결과를 보면 알 수 있듯이, 개념신뢰도와 AVE 값 모두 기준을 충족하는 것으로 나타났다.

| 표 6 | 확인적 요인 분석 결과

요 인		비표준화계수	표준화계수	S.E	C.R	p값
전략적 리더십	목표/비전 공유	0.971	0.904	0.055	17.763	0.000***
	개방된 분위기	0.969	0.922	0.050	19.251	0.000***
	구성원 개발 지원	0.935	0.903	0.053	17.704	0.000***
	참여적 의사결정	0.991	0.944	0.046	21.603	0.000***
	동의와 지지	0.998	0.948	0.045	22.041	0.000***
	조정자 역할	1.000	0.959			
AVE		0.865		개념 신뢰도	0.971	
내부 역량 활용	투자 확대	0.853	0.749	0.110	7.752	0.000***
	마케팅 능력	0.882	0.810	0.104	8.486	0.000***
	서비스대처	0.890	0.758	0.113	7.866	0.000***
	브랜드 가치	0.956	0.843	0.108	8.890	0.000***
	브랜드 가치 반영	1.013	0.871	0.110	9.229	0.000***
	브랜드 인지도	1.000	0.755			
AVE		0.638		개념 신뢰도	0.912	
혁신 전략	고객 세분화	0.975	0.810	0.098	9.908	0.000***
	표적시장 공략	0.991	0.807	0.101	9.851	0.000***
	디자인 매력	0.919	0.745	0.105	8.746	0.000***
	마케팅 활동 강화	1.063	0.895	0.091	11.677	0.000***
	광고 및 홍보	1.000	0.844			
AVE		0.675		개념 신뢰도	0.898	
재무적 성과	점유율 목표 달성	0.868	0.857	0.054	16.089	0.000***
	매출액 성장	0.935	0.923	0.042	22.429	0.000***
	순이익 증가율	1.023	0.986	0.024	41.755	0.000***
	투자대비 수익률	1.000	0.989			
AVE		0.884		개념 신뢰도	0.965	
비재무 적성과	고객만족도	0.801	0.826	0.062	12.859	0.000***
	고객 유지	0.888	0.900	0.054	16.42	0.000***

요 인		비표준화계수	표준화계수	S.E	C.R	p값
	신규고객 창출	0.963	0.888	0.061	15.698	0.000***
	성장 잠재력	1.000	0.954			
AVE		0.798		개념 신뢰도	0.948	
CMIN: 416.855, CMIN/DF: 1.573, GFI: 0.768, NFI: 0.873, IFI: 0.950, TLI: 0.942, CFI: 0.949, RMSEA: 0.075						

*p〈.05, **p〈.01, ***p〈.001

다음으로 판별타당성을 위해 변수 간 상관관계를 살펴보았다. 다른 개념을 측정하도록 가정된 일련의 지표들에 내재하는 요인 간 상관이 높지 않게 나타난다면 판별타당성이 존재한다고 여긴다(배병렬, 2014). 판별타당성은 잠재변수 간 상관계수의 제곱 값이 잠재변수의 AVE 값보다 낮으면 판별타당성이 확보되었다고 간주한다. 〈표 7〉을 보면, 모든 잠재변수간 상관계수의 제곱 값이 잠재변수의 AVE값보다 낮은 것을 확인할 수 있다. 따라서 본 연구의 모형은 판별타당성을 확보하였다.

┃표 7┃ 구성개념 간 상관관계표

구 분	상관관계					AVE	개념 신뢰도
	전략적 리더십	내부역량 활용	혁신 전략	재무적 성과	비재무 성과		
전략적리더십	1					0.865	0.971
내부역량활용	0.722 (0.521)	1				0.638	0.912
혁신전략	0.758 (0.575)	0.747 (0.558)	1			0.675	0.898
재무적성과	0.529 (0.280)	0.609 (0.371)	0.624 (0.389)	1		0.884	0.965
비재무적성과	0.615 (0.378)	0.677 (0.458)	0.619 (0.383)	0.710 (0.504)	1	0.798	0.948

다음으로 구조모형분석 및 가설검증을 실시하였다. 먼저 연구모델의 채택여부 기준이 되는 모델 적합도를 살펴보았다. 본 연구는 연구모형의 적합도 여부를 파악하기 위해 다양한 적합도 지수를 활용하였다. 모델 적합도는 CMIN/DF는 3이하, GFI, NFI, IFI, TLI, CFI는 0.9이상, RMSEA는 0.1이하면 수용 가능한 값이다(우종필, 2012). 본 연구의 모형 적합도는 〈표 8〉을 보면 확인할 수 있다. CMIN/DF = 2.122, IFI = 0.935, TLI = 0.923, CFI = 0.935 등으로 주요 적합도 지수값이 기준을 충족하는 것으로 나타났다. 따라서 모델 적합도를 바탕으로 본 연구의 연구모형을 사용하여 분석을 실시하였다.

마지막으로 가설검증을 실시하기 위해 연구모형의 경로계수 값을 분석하였다. 분석에 대한 결과는 〈표 8〉에 제시하였다. 분석결과, 후발기업의 경영전략은 기업의 재무적 성과에 영향을 미칠 것이라는 가설 1은 채택되었다. 세부적으로 살펴보면, 전략적 리더십은 재무적 성과에 정(+)의 영향을 미칠 것이라는 가설 1-1은 표준화 계수 0.040, C.R. = 2.003, p〈0.05로 유의한 값을 보여 채택되었다. 내부역량활용은 재무적 성과에 정(+)의 영향을 미칠 것이라는 가설 1-2는 표준화 계수 0.230, C.R. = 9.322, p〈0.001로 유의한 값을 보여 채택되었다. 혁신전략은 재무적 성과에 정(+)의 영향을 미칠 것이라는 가설 1-3은 표준화 계수 0.559, C.R. = 11.300, p〈0.001로 유의한 값을 보여 채택되었다.

후발기업의 경영전략은 기업의 비재무적 성과에 영향을 미칠 것이라는 가설 2는 부분적으로 채택되었다. 세부적으로 살펴보면, 전략적 리더십은 비재무적 성과에 정(+)의 영향을 미칠 것이라는 가설 2-1은 표준화 계수 0.348, C.R. = 6.409, p〈0.001로 유의한 값을 보여 채택되었다. 내부역량활용은 비재무적 성과에 정(+)의 영향을 미칠 것이라는 가설 2-2는 표준화 계수 0.441, C.R. = 5.582, p〈0.001로 유의한 값을 보여 채택되었다. 혁신전략은 비재무적 성과에 정(+)의 영향을 미칠 것이라는 가설 2-3은 표준화 계수 −0.194, C.R. = −2.757, p〈0.006으로 유의한 값을 보여주었지만 혁신전략이 비재무적 성과에 음(−)의 영향을 주는 것으로 분석되었다.

▌표 8▐ 구조모형 분석 및 가설검증 결과

	Estimates	S.E	C.R.	유의확률	채택여부
가설1-1 재무적성과 ← 전략적리더십	0.040	0.020	2.003	0.045*	채택
가설1-2 재무적성과 ← 내부역량활용	0.230	0.025	9.322	0.000***	채택
가설1-3 재무적성과 ← 혁신전략	0.559	0.049	11.300	0.000***	채택
가설2-1 비재무적성과 ← 전략적리더십	0.348	0.054	6.409	0.000***	채택
가설2-2 비재무적성과 ← 내부역량활용	0.441	0.079	5.582	0.000***	채택
가설2-3 비재무적성과 ← 혁신전략	−0.194	0.070	−2.757	0.006**	채택
모델적합도	CMIN: 307.628, CMIN/DF: 2.122, GFI: 0.777, NFI: 0.884, IFI: 0.935, TLI: 0.923, CFI: 0.935, RMSEA: 0.105				

*p〈.05, **p〈.01, ***p〈.001

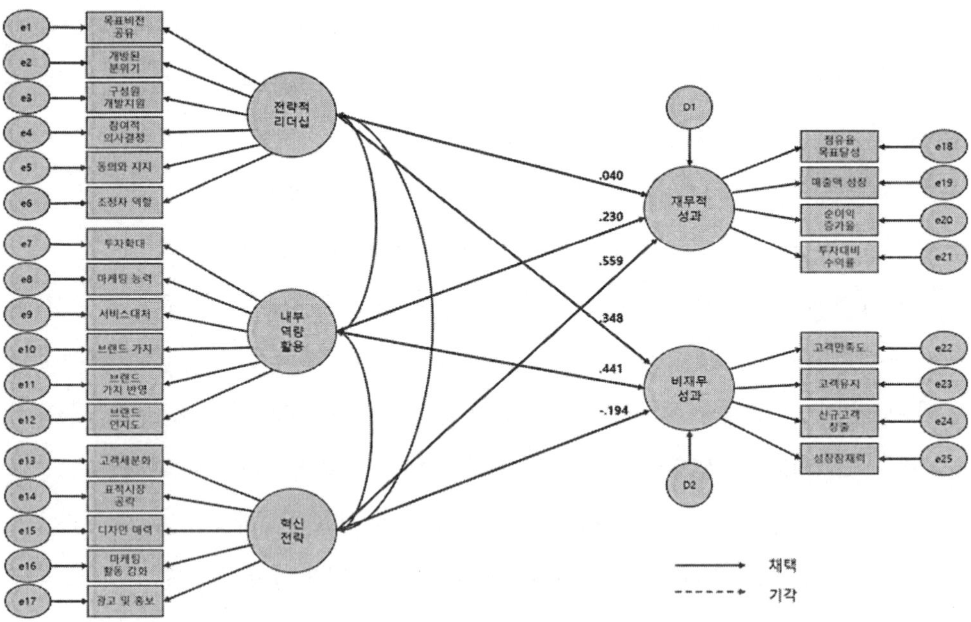

▌그림 3▐ 구조모형 분석 결과

이상의 실증분석 결과를 보면 가설 1-1, 가설 1-2와 가설 1-3 및 가설 2-1, 가설 2-2, 가설 2-3은 채택되었다. 즉 후발기업이 진입 전략으로서 추진하는 전략적 리더십, 내부활용 전략, 혁신 활동은 후발기업의 재무적·비재무적 성과에 정(+)의 영향을 미친다고 할 수 있다. 그러나 혁신전략은 비재무적 성과에 음(-)의 영향을 미치는 것으로 나타났다. 결국 전략적 리더십과 내부역량활용 전략은 기존 고객의 유지, 매출액 성장, 목표한 점유율의 달성, 고객만족도 향상 등의 경제적·비경제적 성과에 유의한 영향을 가진다고 판단할 수 있다.

선발기업의 막강한 시장선점이 작용하는 특정 시장에서 후발기업이 진입할 때 자사가 가진 내부경쟁력을 정확히 인식하고 선발기업 대비 차별화된 전략이 필요하다는 것을 시사하는 결과이며, LG전자라는 특정 후발기업의 전략적 선택에 대한 실증결과는 얻었지만 다수의 후발기업 또는 타 산업으로 연구대상을 넓혔을 경우에도 같은 결과가 적용하는 지를 추가적으로 연구할 필요는 있겠다. 이러한 결과는 최규성·박정열(2017)이 후발기업의 진입 전략 중 전략적 리더십, 내부역량활용, 혁신이 모두 기업의 성과에 유의한 영향을 준다는 주장과 근소한 차이가 발생한다. 그러나 본 연구에서는 기업의 성과를 재무적 성과와 비재무적 성과로 세부적으로 구분하였기 때문에 이러한 차이가 발생한 것으로 분석된다. 결론적으로 재무적·비재무적 성과를 통합적으로 고려하였을 때는 후발기업은 전략적 리더십, 내부역량 활용, 혁신 등의 전략을 지녀야하며, 기업의 세부 목표에 따라 하위 전략의 변화가 필요하다는 것을 유추할 수 있다.

III 후발기업의 국내 진출 전략 사례연구

제1절 정수기산업 현황

1.1 국내 정수기산업 개요

국내 음용수 산업은 정수기시장과 먹는 물, 기능수 시장으로 구성되어 있다. 이 중 정수기시장이 1조 4천억 원대로 주요한 비중을 차지하고 있으며, 먹는 물과 기능수 시장이 각각 7천억 원대와 1천억 원으로 구성되어 있다. 전체 시장은 지속적으로 성장하는 추이를 보이고 있는데, 특히 정수기시장규모는 2006년 4,357억 원의 매출액이 2010년 1조 3,000억 원대로 증가하였고 5년 만인 2014년에는 2조 2,000억 원대로 성장했다. 업계에서는 매년 평균 1,000억-2,000억 원씩 꾸준히 성장해 온 정수기시장이 2015년에는 2조 4,000억 원대로 커질 것으로 전망하고 있다. 이는 1조 3,000억 원의 에어컨 시장과 8,000억 원의 김치냉장고 시장을 합한 규모보다 크며, 가구 보급률은 60% 수준에 달한다(『전자신문』 2015/05/10, 표 9).

| 표 9 | Water Purifier Industry Size Growth

단위 : 억원

Year	Market Size
2006	4,357
2010	16,098
2011	17,004
2012	17,920
2012	19,152
2014	19,486
2015(E)	24,000

정수기 제품은 판매이후에도 필터 교체 등의 꾸준한 유지관리가 필요하다. 또한 정수기 약정이 끝난 이후에도 제품 특성상 필터 교체 등 꾸준한 관리가 필요하여 소비자는 제품 구매 후에도 일정 비용을 내며 관리 서비스를 받게 되므로 정수기 산업은 일회적인 판매로 종결되는 제품군이 아니다. 이러한 특성은 업체 입장에서는 지속적인 수익모델이 될 수 있다는 점을 시사한다. 더불어 국내 소비자의 정수기 구매 시의 주요 요인은 '회사 이미지 및 명성' 또는 '정수 기능'이 대부분으로 아직은 소비자 요구의 다변화가 이루어지지 않은 단계이다. 이러한 이유로 정수기시장은 제품 수명주기의 성장단계에 해당하여 지속적인 성장이 예상되고 있다.

한편 성장기 산업의 특성상 동양매직, 쿠쿠전자, 교원, 바디프랜드 등의 후발업체들이 시장에 지속적으로 유입되고 있다. 이들 신규 업체들이 진입하면서 점유율의 변화가 생기고 있지만 국내 정수기시장은 코웨이와 청호 2개 업체의 시장지배력이 여전히 큰 상황이다. 코웨이와 청호는 2013년 기준 각각 45%, 11%의 시장점유율을 차지하였다. 특히 코웨이는 1998년에 정수기 대여 방식을 도입하여 1년 만에 10만 대의 대여 정수기를 팔아 IMF의 한계상황을 극적으로 극복하였을 뿐 아니라 5배의 매출 신장률과 두 배 이상 영업이익의 증가를 달성한 바 있다(『비즈니스포스트』 2014/08/16). 하지만 정수기시장의 경쟁 환경은 조금씩 변화하고 있다. 2009년 57.1%였던 코웨이의 점유율은 2013년 45%로 내려앉았고, 청호나이스 역시 2009년 15.9%에서 2013년 11%로 축소되었기 때문이다.(표 10).

❙표 10❙ Water Purifier Market Share

Year	Coway	Chung-ho	etc.
2009	57.1%	15.9%	27%
2014	45%	11%	44%

또한 이들 코웨이와 청호나이스의 뒤를 동양매직과 쿠쿠전자 등이 점유율 6-8%로 확장해 가면서 뒤쫓고 있다. 특히 1990년대까지만 해도 코웨이와 정수기시장 1위를 놓고 경쟁을 벌이던 청호의 시장점유율이 약화되면서 후발업체들은 코웨이 뒤를 잇는 2위가 되려고 유명 연예인을 모델로 기용하며 홍보와 판매 확대에 치중하고 있다. 동양매직은 2014년 NH 글랜우드 사모펀드에 인수된 이후 대여 사업을 공격적으로 키우고 있으며 총 5개 부문의 회사 조직을 대여와 가전으로 단순화시켜 대대적인 홈쇼핑 대여 판매에 돌입하였고, 쿠쿠전자는 2010년 본격적으로 정수기 대여 사업에 뛰어든 이후 홈쇼핑으로 사세를 키워오고 있으며, 2014년 안마의자 대여 기업 바디프랜드가 정수기시장에 뛰어들면서 경쟁이 더욱 격화되고 있다(『전자신문』 2015/05/10). 이들 후발업체들은 정수기 대여료를 낮추고 홈쇼핑 등의 판매 경로를 다양화하면서 경쟁을 치열하게 벌이고 있다.

1.2 선발기업 코웨이

코웨이가 정수기 사업에 뛰어든 것은 1989년으로 당시는 정수기시장이 형성되지 않았던 상황이었다. 코웨이는 경쟁사들과 마찬가지로 100만원 대의 고가 제품을 보급하기 시작하였고, 설립 8년 만인 외환위기로 소비가 위축되자 큰 위기에 직면하게 되었다. 정수기 산업 전체가 위기에 처한 상황에서 코웨이가 독보적으로 위기를 헤쳐 나온 것은 렌탈(rental) 마케팅 때문이었다. 렌탈제품 생산을 위한 초기투자비용이 막대하지만 일정한 사용료를 지속적으로 받겠다는 발상이 위기를 기회로 만들었다. 렌탈 마케팅이 시작된 1998년 코웨이는 30억 원의 영업이익을 내며 1년 만에 흑자를 기록하였고, 이후 매년 80%의 고성장을 이루며 5년 만에 고객 200만 명을 돌파하였다. 이와 같은 성공은 정수기를 소유가 아닌 빌려쓰는 제품으로 바꾸고 가격 부담을 획기적으로 낮춰 건강에 대한 소비자들의 관심을 충족하는 혁신적 전환에 따른 것이다.

코웨이가 렌탈 마케팅을 시작하면서 포커스를 맞춘 또 다른 전략은 방문판매라는 직접유통 시스템이었다. 코웨이는 1998년 코디의 방문판매라는 개념을 처음 도입했다. 여성의 사회활동이 증가되고 주부의 구매 결정권이 늘고 있는 시대 변화에 주목하여 주부들로 구성된 전문 제품관리인 '코디(CODY, Coway-lady)' 시스템을 도입한 것이다. 코웨이 정수기의 방문판매 사업 첫해인 1998년 매출액은 306억 원을 기록했다. 1999년에는 554억 원의 매출을 올렸다. 코디 수도 80명에서 900명으로 급증하였다. 현재 전국에 약 15,000여 명의 코디들이 활동하며, 이들의 관리고객은 572만 명에 이른다.

코디의 직접 방문을 통해 구축된 고객 신뢰와 고객관리 망은 코웨이의 주요한 성장 비결이자 가장 큰 자산이라 할 수 있다. 이러한 고객관리 망을 기반으로 코웨이는 2015년 기준 약 572만의 렌탈 및 멤버십 회원을 확보하고 있다. 또한 정수기뿐만 아니라 비데, 공기청정기, 연수기 등의 환경가전제품을 교차판매(cross-selling)하고 있으며, 최근 음식물처리기, 매트리스 등의 신규 제품을 확대하여 렌탈을 추진하고 있다. 이로 인해 정수기 제품의 국내 점유율은 2015년 기준 약 43%, 비데는 29%, 공기청정기는 34%에 달하고 있다(『뉴스토마토』 2015/12/03, LG전자 2015).

1.3 후발기업 LG전자

LG전자는 대한민국에 본사를 둔 전자 제품을 생산하는 다국적 기업으로 LG그룹의 대표 계열사이다. LG그룹 내 생활가전, 디지털 기기 제조회사로 LG그룹을 대표하는 계열사이자 대한민국 주요 가전 시장점유율 1, 2위의 대기업이다. LG전자의 주요 사업은 TV와 모니터, 디지털 매체(Media) 제품 등을 생산·판매하는 HE (Home Entertainment) 사업본부, 이동단말을 생산·판매하는 MC (Mobile Communications) 사업본부, 냉장고·세탁기·청소기 등 주요 생활가전제품과 가정용·상업용 에어컨을 생산·판매하는 H&A (Home Appliance & Air Solution) 사업본부, 자동차 부품을 설계·제조하는 VC (Vehicle Components) 사업본부 4개로 구성되어 있다.

2007년은 LG전자가 국제적인 다국적 기업으로 성장하는데 발판이 되어 준 내수시장의 양분화 체제가 고착화되었을 뿐 아니라 주력 제품의 보급 포화로 성장의 정체를 경험하던 시기라고 할 수 있었다. LG전자가 정수기시장진입을 결정한 당시는 대형가전의 보급 포화로 전년 대비 성장률이 3.1%에 그치는 정체상황에서 대부분의 가전 기업들이 성장활로를 찾는 노력을 기울이고 있었고, LG전자도 마찬가지였다.

▌표 11▐ Electronics Industry Size Growth

Year	Market Size	Growth
2001	93,072	−5.6%
2002	100,467	7.9%
2003	109,468	9.0%
2004	126,747	15.8%
2005	137,599	8.6%
2006	144,271	4.8%
2007	148,804	3.1%

Source: Reed Electronics Research, unit: one million US dollars

LG전자는 신성장 동력 필요성을 절감하고 시장분석을 통해 'Health'라는 키워드에 집중하게 되었다. 일정 수준의 국민소득이 있고 고령사회에 진입하는 경우 자산을 보유한 실버 세대들이 건강에 대한 의식수준과 수요가 강해져 건강관리 산업이 활성화되는 특성이 존재하는데, 실제 일본의 경우가 그러했다.

국내외 시장의 치열한 경쟁상황에서 LG전자는 주로 지역 시장 확장 중심의 성장을 추구하여 제품 및 고객 유형 차원에서는 경쟁사 대비 극단적인 선별적 집중을 하고 있어 신규 고객 또는 신규 제품 및 서비스로의 확장이 절실한 상황이었다. 그런데 이러한 상황은 비단 LG전자만은 아니었고, 해외 선진 경쟁사들 역시 자국 내 주력 제품의 보급 포화로 성장의 활로를 찾기 위해 적극적인 노력을 기울이고 있었다. 마쓰시타(현 파나소닉)는 일본 내수에서의 성공적인 체험을 바탕으로 해외시장으로의 적극적인 진출을 도모하면서 상담 서비스 등 '건강한 삶의 방식(Health Lifestyle)'을 지원하는 해결책을 제공해주는 신규 사업 모델의 창출과 '건강과 미(Health and Beauty)'가전에 있어서의 독보적인 지위를 구축하여 가전 시장의 침체를 돌파하고 있었다. 북미가전의 메카인 월풀(Whirl Pool)은 "Every Home, Everywhere"라는 기치를 걸고 중남미 등 고성장 지역 시장에서의 입지를 적극적으로 강화하면서 전 방위적 가정용 기기 영역에서의 혁신적인 신제품의 확대를 통하여 '주방(Kitchen), 세탁실(Laundry Room), 집 내부 전체(Whole Home: Water treatment, Air treatment, Central Heating & Cooling)' 영역에서 경쟁자 대응보다는 소비자 요구에 기반을 둔 신제품 개발에 주력하여 차별화를 시도하고 있었다. 이러한 해외 경쟁사들의 움직임 속에서 LG전자는 신성장 동력 발굴의 필요성을 절감하였고 시장 분석을 통하여 'Style, Beauty, Health'의 개념을 도출하게 되었다. 인구문화환경의 변화에 적극적으로 대응하기 위하여 LG전자는 Health의 키워드에 연계한 헬스케어(Healthcare) 사업 구체화에 착수하였고, '물(Water), 공기(Air), 몸(Body)'이라는 3가지 하위 키워드를 도출하여 이를 기반으로 하는 로드맵을 기획하였다. 사업 로드맵 상에서 선별된 다양한 제품 중 가장 우선순위가 높은 품목이 바로 정수기 제품이었다. 정수기는 건강에 필수불가결한 물을 기반으로 가치가 추가된 제품이므로 헬스케어사업의 핵심이 된다. LG전자는 정수기시장 진입준비에 착수하였고, 2년 만인 2009년에 현실화하였다.

이러한 과정을 통해 2009년 국내 정수기시장에 진입한 LG전자의 국내시장 점유율은 현재 약 4%로 추정된다. LG전자의 정수기 사업은 H&A 사업본부에서 추진하고 있으며, 기존 가전에서 축적된 냉장·냉동 체계 및 에너지 저감 기술, 품질 관리, 생산 역량 등을 바탕으로 제품 경쟁력을 확보하고 있다. 더불어 유지관리 서비스 부분에서도 독자적인 살균 장치를 제작하여 차별화된 살균 유지관리 서비스에 대한 역량도 갖추고 있다. 2013년도 기준 1.4억 달러의 매출 규모로, 2009년 사업을 시작한 이래 연평균 성장률 15% 이상 꾸준히 성장하고 있다(LG전자 2014). LG전자는 현재는 정수기시장에서 후발주자이나 백색가전 시장에서의 축적된 경험을 통해 국내외에서 시장의 판을 바꿔 5년 안에 시장을 주도하는 지배적인 사업으로 만들고, 이후에 인접 국가로 확대하여 정수기뿐만 아니라 건강관리 사업 전반을 보다 의미 있는 사업으로 만들겠다는 목표를 가지고 있다. 그런데 국내 시장은 코웨이와 청호 같은 강력한 선발업체의 확고한 지위가 있는 와중에 한참 시장에 진입하고 있는 신흥 업체들의 가격 경쟁이 범람하고 있는 녹록지 않은 상황이라고 할 수 있다. 즉 대형 2개사가 상당한 시장점유율을 차지하고 다수의 중소업체들이 진입하면서 경쟁이 심화되고 있는 것이다. 국내 시장에 국한하여 본다면 LG전자는 선발업체를 따라잡는 전략과 동시에 다수의 후발업체들과는 치열한 경쟁을 해야 하는 쉽지 않은 상황이라고 할 수 있다.

본 연구에서는 LG전자의 한국시장 진입전략에 관한 사례연구를 실시하였다. 사례연구의 구성타당성을 확보하기 위하여 선행이론과 기업 자료, 인터뷰 등 다양한 자료를 분석하였다. 또한 내적타당성을 위해 후발기업의 진입시점뿐 아니라 가시적인 성과를 창출하기까지의 종단적 관점에서 자료를 분석하였다. 더불어 신뢰성을 확보하기 위하여 Eisenhardt (1989)의 사례연구로부터 전형적인 사례연구 절차를 확립하고 이를 기반으로 진행하였다. 먼저 후발기업들이 취할 수 있는 전략요인에 대한 이론 및 실증분석을 바탕으로 하였으며, 이를 기준으로 연구 대상인 후발기업이 산업 내 진입하고자 의사결정했던 2007년부터 가시적인 성과를 낸 2014년까지의 언론기사를 한국언론진흥재단(www.kpf.or.kr)에서 검색하고 수집 가능한 기업내부의 관련 보고서 등을 취합하였다. 또한 수집된 다양한 전략사례를 분석하고 기업 관계자에 대한 인터뷰를 진행하였고 연구 모델의 명제(proposition)에 대해 검증하고 이를 구조화하였다.

제2절 LG전자의 한국시장 진입전략

2.1 약점 극복을 위한 재정위화

정수기산업 구조는 연구개발, 제조, 판매, 유지관리의 흐름으로 정의되는데 선발기업이 강력한 경쟁우위를 확보하면서 구축해왔다. 이러한 산업구조에서 LG전자는 연구개발과 제조를 제외한 판매 단계에서 선발기업이 고착해 놓은 방판방식과 대비, 자사 역량이 특히 미흡한 것으로 평가하였다. 이러한 약점을 극복하지 않고서는 시장안착이 어렵기에 LG전자는 재정위화(Repositioning) 전략을 취하였다. 우선 LG전자는 소비자 조사를 통하여 시장세분화 작업을 추진하였다. 그때까지 정수기시장은 제품특성에 따른 세분화가 아닌 렌탈가격만 구분하였다. 그러나 후발기업으로서 LG전자는 시장을 세분화하여 목표고객을 특정화하는 작업을 통해 선발기업이 고착화한 시장법칙에서 벗어난 고객군을 찾아내고자 하였다. 결과적으로 총7개의 고객군을 정의하고 오프라인 구입비중, 일시불 구입비중, 방문 서비스 비선호, 코웨이 보유비중의 4가지 요인분석을 통해 '스마트 워킹맘', '깐깐한 완벽주의자', '심플스타일리스트'의 3개 목표고객군을 우선 선정하였다〈그림 4〉.

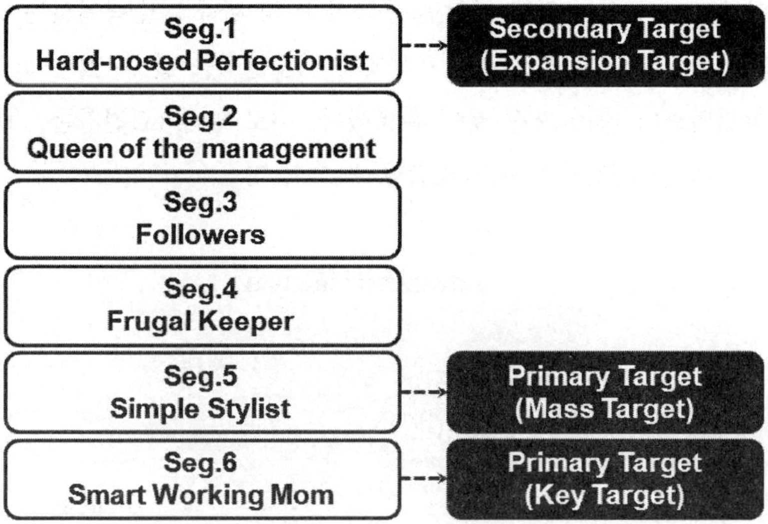

▌그림 4▐ Water Purifier Market Segmentation by LGE

목표고객을 선정한 다음, 약점이던 판매방법에 대하여 기존 시장법칙과 차별화되면서도 목표고객에 정합되는 방식을 시도하였다. 당시 정수기 유통의 87%가 방문판매이어서 방판조직을 갖추는데 필요한 자원은 LG전자 입장에서도 고려하기 어려웠기에 보다 효율적인 방안을 모색하였다(LG전자 2009). 방판마케팅은 실적 증대에는 효과적이나 고객들은 제품을 직접 보거나 선체험없이 구전이나 제품 자료만으로 구매하고 있었다. LG전자가 핵심공략 타겟으로 설정한 '스마트 워킹맘'은 브랜드 및 디자인에 대한 관여도가 높고 구전에 의해 설득되기보다 스스로 취득한 정보에 의해 판단하는 등의 성향을 보였기에 LG전자는 전국에 500여의 자사유통인 베스트샵 매장을 적극적으로 활용하기로 하였다. 즉 구전이나 소개방식이 아닌 매장에서 제품을 직접 체험하도록 하는 것이 목표 고객의 성향에 정합적이고 욕구를 충족시켜줄 거라 판단한 것이다.

다만 LG전자의 자사유통은 정수기 판매경험이 없기에 1년 6개월 정도의 테스트 마케팅을 통해 구매와 관련된 고객의 생각이나 행동을 직접 경험하였다. 이를 통해 매장판매 방식의 가능성을 확인하였다. 선발기업들은 제품 기술과 디자인 측면의 마케팅 소구점이 많지 않았던 구조에 비해 제품 기술력에서는 명확한 차별포인트를 자신한 LG전자로서는 고객에게 제품설명을 할 수 있는 소구점을 오히려 선발기업보다 많이 가진 것이 유효했다. 이로 인해 LG전자는 '스마트워킹맘'으로 대변되는 시장위치를 자리잡았다〈그림 5〉.

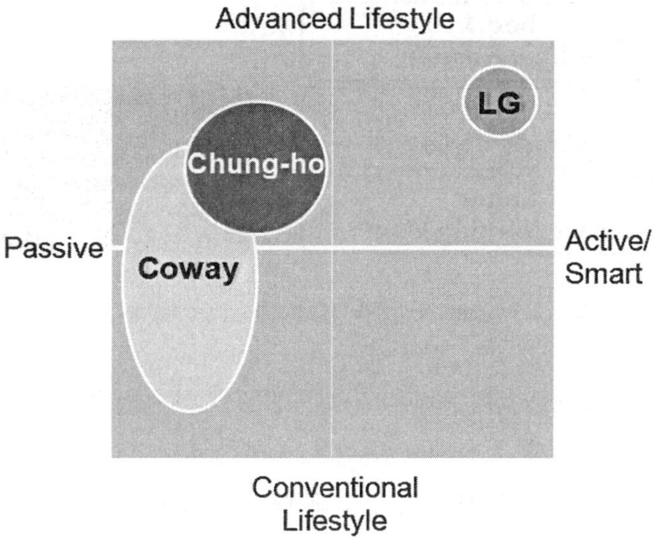

Source: Created by author

▌그림 5▐ Water purifier market segmentation

2.2 전략적 리더십

후발기업이 선발기업을 추월하거나 가시적인 성과를 창출하는 것은 단기간에 이루어지기가 쉬운 일이 아니다. 따라서 기업이 새로운 도전을 결정하고 이를 수행하는 과정에서 리더의 지원과 의지가 수반되지 않으면 지속적인 추진 동력을 확보하기 어렵다. LG전자의 경우 특히 시장 결정단계부터 내부에 이견이 존재하였다. 경영환경변화에 대한 대응전략으로서 헬스케어사업은 무리없이 설되었으나, 막상 실행 단계에서 조직내부의 공감대 형성은 쉽지 않았다. 사업의 타당성에 대한 비판이 조직 내부에서도 들려오기 시작했다. 선발기업의 강력한 경쟁우위가 작동하고 있는 정수기시장에 진입하기 위해서는 조직 역량의 집중과 지원이 필요했음에도 조직 분위기는 그렇지 않았기 때문에 사업 추진을 위해서는 리더의 의지와 역할이 중요하게 작용할 수밖에 없었다.

실제로 사업타당성 분석을 담당했던 외부 컨설턴트마저 시장진입을 포기하자는 결론을 내놓았지만 당시 사업을 추진했던 이영하사장과 사업대표는 경쟁상황에 대한 두려움이나 염려보다 조직의 지속생존을 위해 포기할 수 없다는 주장을 강력하게 밀어 붙였다. 특히 물은 헬스케어사업의 3가지 키워드 중 가장 중요하였고, 물부족을 넘어 물기근시대가 금방 도래할 것이기에 가장 중요한 사업 영역으로 인지하고 있었고, 그렇기에 오히려 신속하게 정수기 사업을 시작해야 한다는 확고한 의지를 가지고 있었다. 99% 실패한다는 외부 컨설턴트의 결론을 이영하 사장은 다음과 같이 일축하였다.

> "무슨 소리에요. 1%의 가능성만 있어도 추진하는 겁니다. 지금이 아니면 헬스케어 사업은 영원히 할 수 없을지도 몰라요. 더군다나 물 시장은 우리가 반드시 진입해야 하는 사업입니다. 정수기시장, 들어가도록 합시다."

두 가지 측면에서 조직 내부에 대한 리더의 설득이 지속적으로 이루어졌고 결국 공감을 이끌어낼 수 있었다. 이는 첫째, LG전자의 미래 중요한 성장동력이 될 헬스케어 사업에 진입해야 할 적기를 놓칠 수 없다는 것과 둘째, 대형가전 사업에서 한계로 지적되어 온 고객 관계 관리가 가능하다는 것이었다. 특히 고객관계관리는 LG전자 입장에서는 항상 구조적인 약점이었다. 경쟁이 치열해질수록 충성고객을 확보하는 전략이 중요한데 대형가전의 경우 소위 "코드를 꽂으면 고객을 더 만날 수 없다."는 특성이 있어 고객 관계관리가 어렵고 고객데이터의 축적이 거의 불가능한 약점이 있었다. 하지만 정수기 제품은 유지관리가 필요하기에 고객관계 접점이 유지될 수 있다는 것이다. 이는 최고 의사결정권자를 설득하게 된 중요한 요인이 되었다.

이와 같이 발생할 수 있는 모든 이점을 열거하면서 이영하 사장과 사업대표는 헬스케어 사업의 단초가 되어줄 정수기시장 진입에 대한 의사결정을 이끌어 내었고, 이후 정수기시장에서의 안착 뿐 아니라 2012년 출시한 정수기냉장고의 성과 등으로 정수기 사업에 대한 조직 내부의 여론이 완전히 뒤바뀌게 되었다. 결론적으로 LG전자가 정수기시장에 진입하여 주요한 플레이어가 된 것은 시장에 대한 확신을 가지고 강력하게 추진한 리더의 역할이 주요했다고 하겠다.

2.3 내부역량 활용전략

자원기반관점 이론에 따르면 기업전략이나 경쟁력은 기업이 보유한 내부역량에 의하여 결정되는데, 후발기업이 가진 자원과 지식 우위를 활용하면 경쟁우위를 획득할 수 있다. 강력한 선발기업과 LG전자 조직내부의 부정적인 여론에도 불구하고 리더가 사업을 강력하게 추진할 수 있었던 자신감에는 이유가 있었다. 제품의 기술적 경쟁력에 있어서 비교적 쉽게 LG전자가 보유하고 있던 기존 역량을 활용할 수 있다는 것이었다. 정수기의 기술적 측면에서 LG전자는 정수기 기술과 관련된 핵심역량을 이미 보유하고 있었다.

일반적으로 정수기 제품 기술의 주요한 요소들은 컴프레샤(compressor) 기술, 냉동사이클 기술, 알고리즘(algorithm) 기술이다. 컴프레샤는 물의 온도를 내리는 냉각기 역할을 하는 정수기의 핵심 부품을 의미하는데, 정수기 제품의 가장 핵심 기술이라고 할 수 있다. 이러한 컴프레샤의 경우 선발기업인 코웨이와 청호조차 LG전자가 생산한 컴프레샤를 상당 부분 공급받고 있었다. 냉동사이클은 얼음이 얼리도록 하는 사이클을 의미한다. 알고리즘은 출수 시점이나 필터 교환시기 등을 알려주는 소프트웨어 기술로서 선발기업에 비해서도 LG전자가 뒤지지 않았다. 이같은 핵심기술은 대형가전인 냉장고와 에어컨 등에도 동일하게 적용되는 가전제품의 핵심기술이었다.

따라서 대형가전 제조사로서 노하우를 상당히 축적해 온 LG전자로서는 기존의 기술력을 그대로 활용할 수 있다는 점이 정수기시장에서의 주요한 강점 요인으로 작용했다. 기술력에서 선발기업에 뒤지지 않는다는 강점으로 인식하고 목표고객에 맞춰 차별화 포인트를 소구하는 전략을 취한 LG전자의 사례를 통해 내부역량 활용전략을 확인할 수 있다.

2.4 혁신전략

후발기업이 기존 제품과 대비되는 새로운 가치를 제시하는 혁신전략을 취하는 것은 효과적인 추격 전략이다. 이는 기존 제품에 익숙한 고객에게 후발기업이 급진적인 기술 등에 기반한 가치 혁신을 제공하여 선발기업의 이점을 극복할 수 있다는 것이다. 후발기업이 기술력에 있어 강점을 보유하고 있다고 해도 이러한 강점에 고객 입장에서의 가치가 부가되지 않는다면 강력한 차별화 요인으로 작용하기 어렵게 된다.

독보적인 선발기업이 자리잡고 있는 과점 형태의 정수기시장에 LG전자가 후발 주자로서 진입하여 안착하게 된 배경에도 혁신적인 차별화 요인이 존재하며 이는 다음의 세 가지로 제시할 수 있다.

2.4.1 스테인리스 저수조를 통한 혁신

LG전자는 플라스틱 수조를 스테인리스 수조로 바꾼 정수기를 출시함으로써 현격하게 차별된 친환경성을 강조했다. 스테인리스 저수조는 물때가 끼지 않고 세균번식을 최소화하여 청결상태를 유지시켜주는 것이 특징이었다. 스테인리스 저수조는 시장에 상당한 반향을 불러 일으켰고, 고객들은 물때가 끼어 오염될 수도 있는 물을 마시고 있었다는 것에 상당히 놀라게 되었다. 고객들로 하여금 위생을 중요하게 생각하도록 하는 계기가 되었고, LG전자의 정수기를 강하게 각인시키는 효과를 거두었다.

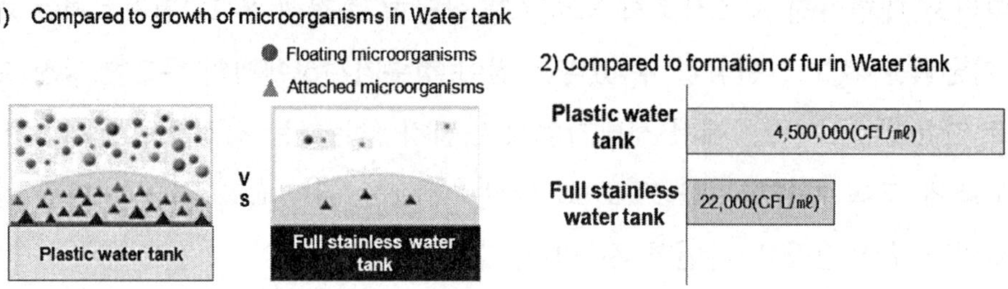

Source: Pukyong National University (2012)

▌그림 6▌ Comparison of Plastic Tank and Stainless Tank

2.4.2 살균 서비스

한편 LG전자는 제품 기술력과 유지관리 서비스를 연계시켰다. 살균 서비스는 LG전자가 고객을 사로잡기 위해 혁신적으로 내놓은 전략이었다. LG전자는 제품 내부의 호스와 저수통까지 살균하여 세균과 박테리아를 없애는 '인사이드 케어' 시스템을 적용했다. 기존업체가 주로 사용했던 수동적인 살균/세척방식과 달리, 위생을 관리해 주는 최초의 관리 시스템이었다. 정수기 필터에 살균모드를 작동시키면 2차 오염의 위험 없이 물탱크, 탭, 호스까지 살균과 위생 관리가 가능하다는 차별점이 있었다(그림 7). 이는 기존 제품 대비 월등히 위생적인 관리 방식이었다. LG전자는 업계 최초로 살균성능 안정성 인정인 한국화학융합시험연구소(KTR)의 'S마크'를 받았는데, 인증 자체가 제품 신뢰의 소구점이 되었다.

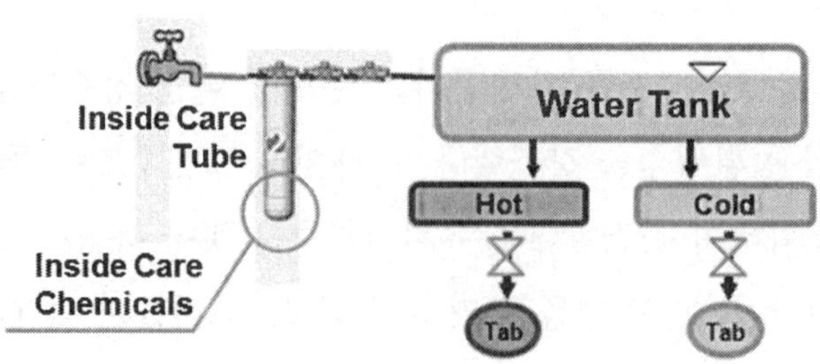

자료 : LG전자 (2009)

▌그림 7▌ 인사이드 케어 시스템 (Inside Care System)

2.4.3 디자인 혁신

LG전자는 디자인에서도 혁신적인 접근을 시도하였다. 바로 멘디니와의 콜라보레이션을 통해 최고급 디자인을 적용했던 것이다. 당시 선발기업들이 제품디자인에 신경을 쓰지 않았지만 LG전자는 최고급 디자인을 지향하였다. LG전자는 프리미엄 냉장고 디오스에 적용한 아트 디자인을 적용하여 주방 인테리어의 품격을 높였다(그림 8). 이로 인해 LG전자는 정수기가 기능제품이 아닌 주방 내 품격을 더해주는 인테리어로 평가받았다.

자료 : LG전자 (2009)

▌그림 8▐ Comparison of Water Purifier design

이와 같이 LG전자가 고객에게 새로운 가치를 제공하고자 취했던 전략은 선발기업들의 기존 정수기 대비 혁신적인 제품으로 인식되었다. 결국 LG전자는 선발기업과는 근본적으로 새롭고 우월한 가치를 고객에게 제공함으로써 새로운 프리미엄 시장을 창출하였다.

제3절 LG전자 주요성과

3.1 주요성과

LG전자가 정수기시장에 진입한 2009년 이후 고가에도 불구하고, 평균 6,000여대/월의 판매량을 기록하는 등 호조를 보였다. 하지만 이듬해는 5% 수준의 시장점유율이 더 이상 늘어나지 않았고, 판매량도 오히려 4,000여대 수준으로 떨어졌다. 현 LG전자의 점유율은 약 4%로 추정되는데 이는 정수기냉장고 판매 수량을 합한 결과로 2014년 7,000~8,000대/월 수준이다(Table 6). LG라는 브랜드의 후광 효과는 크지 않았다(LG전자 2014).

> "내심 정수기시장에 진출하면서 LG라는 회사 브랜드에 대한 시장 반응을 기대하긴 했습니다. 하지만 LG전자의 후광효과는 생각보다 크지 않았습니다. 대기업 제품이라는 후광효과는 완벽하게 버리고 오직 제품에 집중하는 정공법이 정답이라는 판단을 하게 된 겁니다." -LG전자 헬스케어 사업대표 임원

이런 상황임에도 불구하고 LG전자로서는 조급하게 성과를 내기 보다는 시장 경험을 축적하고 보다 우수한 제품개발을 중요시하였다. 이는 정수기제품에만 초점을 맞추지 않고 헬스케업 사업을 추진하는 과정으로 인식하였기 때문이었다. 즉, LG전자는 기획 초기에 설정했던 헬스케어 사업의 로드맵을 차근히 실현해 나가고자 하였다.

| 표 12 | Sales Trend of LG Electronics Water Purifier

Time	Sales	Number of New Sales
2012. 08	53.8	9.2
2012. 11	61.7	9.2
2013. 02	60.1	7.3
2013. 05	64.7	7.2
2013. 08	71.7	6.6
2013. 11	75.6	6.2
2014. 02	76.7	7.2
2014. 05	81.2	7.9
2014. 07	84.4	8.0

unit : 100 million Korean won, thousand unit
자료 : LG전자 (2014)

LG전자의 규모와 자금력으로는 중저가 제품을 만들어 시장점유율을 단기간 내에 확대하는 것은 불가능한 일이 아니라고 할 수 있다. 하지만 LG전자가 정수기시장 점유율에만 집중하지 않은 것은 정수기냉장고 같은 제품융합과 글로벌 시장공략 등 또 다른 기회의 창출로 인지하는 시각을 가졌기 때문이다. 따라서 LG전자가 후발 주자로서 정수기시장에 안착한 결과와 성과는 단순 재무실적만으로 측정할 수 없으며 목표대비 성과측면에서 검토할 필요가 있다.

LG전자는 다음 3가지 전략적 성과를 거두었다고 하겠다. 첫째, 기존 제품과의 융합이다. 정수기와 냉장고를 결합한 '정수기냉장고'라는 제품을 통해 새로운 시장에서의 선발기업으로서의 길을 확보하였다. 냉장고와 정수기가 결합된 정수기냉장고는 정수기 기업들이 모방할 수 없는 제품인데 LG전자가 보유한 핵심역량을 기반으로 한 전략이다. 세계 최초로 만들어진 제품이라는 의미도 있으며 세계시장 진출에 매우 적합한 특성을 가지고 있다 하겠다. 또한 LG전자는 홈오토케어 개념을 타 사업에 지속적으로 확대추진하고 있다. 정수기시장에서의 고군분투가 LG전자의 입장에서는 단순히 영업이익뿐만 아니라 추가적인 가치를 창출하는 동력으로 작용하고 있다.

둘째, 고객관계 형성을 위한 접점 확보이다. 현재까지 LG전자는 약 50만 고객을 확보하고 있는데 코웨이의 572만명에 비하면 약 10%에 불과하지만 고객과의 관계에서 파생될 수 있는 부가적인 가치를 생각한다면 이는 중요한 성과라고 할 수 있다. 대형 백색가전사업의 한계로 지적되던 고객관계 약점이 정수기시장 진입을 통해 극복되고 있는 것이다. LG전자는 수동적인 고객관계 관리의 한계를 정수기 판매를 통해, 다양한 측면에서 활용할 수 있는 빅데이터를 수집하는 채널을 확보한 효과가 있다하겠다. 정수기 관리를 위한 방문활동은 고객과 오프라인 상으로 접점을 계속한다는 의미이며 고객의 관련정보가 계속 업데이트될 수 있기 때문이다. 고객방문 시 다른 가전제품 교체시기뿐만 아니라 다양한 정보를 획득하여 고객수요에 맞춰 적절한 대안을 제시하는 등의 고객과의 지속적인 커뮤니케이션이 가능해졌다. 다양한 가전제품 포트폴리오를 가진 LG전자에게는 자사유통인 베스트샵으로 고객을 방문케하여 제품과 브랜드 확산에 지대한 효과를 제공할 수 있다는 것이다.

셋째, 글로벌시장 공략을 위한 교두보 마련이다. LG전자는 국내 정수기시장에는 후발주자이지만 정수기뿐만 아니라 헬스케어 사업 전반을 보다 의미 있는 사업으로 만들겠다는 목표를 가져 왔다. LG전자는 전체 매출과 수익의 약 85%를 해외시장에서 얻는 다국적 기업이므로 국내 시장 도전경험을 활용하여 해외시장에서 오히려 더 큰 성과를 기대할 수 있다. 국내 시장에서는 정수기사업의 본질을 학습하고 핵심역량을 빠르게 습득하면서 동시에 잠재력이 큰 해외시장을 공략하는 것이 더 중요하다고 판단한 것이다. 이러한 목표를 달성하기 위해 LG전자는 인도, 중국, 베트남 등의 해외시장을 대상으로 국제화 경험과 시장 매력도, 유지관리 서비스의 가능성 등을 분석하였고, 인도 시장을 최적의 시장으로 결정하였다(Choi & Park, 2015). 이는 국내 정수기시장에 진출하여 가시적 성과를 거두면서 LG전자만의 차별화된 프리미엄 제품을 만들어서 물에 대한 이해를 높이고 관련 기술을 좀 더 확보해서 결국 글로벌 시장으로 진출한다는 목표를 구체화한 것이라 할 수 있다.

3.2 향후 과제

이와 같은 다양한 성과를 거두었음에도 정수기시장의 현재 구조 상 LG전자가 선발기업의 우위를 확실하게 극복하였는지에 대해서는 선뜻 동의하기는 어렵다. LG전자의 사업 구조 상 단일 정수기시장에만 집중하고 있지는 않지만 정수기시장 내 점유율은 약 4% 정도에 머무르고 있어 주목할 만한 성과를 거두었다고 볼 수 없다. 실제 많은 기업이 시장 진입 초기에 후발기업의 이점을 살려 시장에서 단기간에 이슈화가 될 수 있으나, 지속적으로 경쟁력을 확대해 가는 장기전에 있어서는 녹록치 않은 상황에 처하기 때문에 그 원인을 살펴볼 필요가 있다.

첫째, LG전자는 보유기술 및 우수인력을 활용하여 창출해낸 기술적 성과물을 통해 성공적으로 시장에 안착하였으나, 이를 최대한 활용하기 위한 자산으로서의 마케팅 역량에서 약점을 가지고 있었기 때문으로 설명할 수 있다. 후발기업은 기술 역량의 결과를 최대한 성과로 이어가기 위해서는 이에 상응하는 시장과 관련된 자산이 있어야 한다(Teece, 1987). 시장과 관련된 자산 및 역량은 기업과 제품에 대한 브랜드 충성도, 제조능력, 공급통로, 영업력, 자금력 등을 포함하는 총체적인 마케팅 역량으로 볼 수 있다(Roberts & McEvily, 2005). 마케팅 역량은 상품에 대한 제안부터 상품기획, 시장경쟁력 제고, 출시전략 등에 필요한 포괄적 역량이므로 시장 경쟁력을 보유하고 차별화 된 제품을 고객의 접점에서 눈에 보이지 않는 가치를 창출하여 효율적으로 소구하는 역할을 한다. 그렇기 때문에 제품을 출시 싯점에 영업력, 공급통로, 자금력을 제대로 갖춘 후발기업은 선발제품이 선점한 우위요소를 효과적으로 헤쳐 나갈 수 있을 것이다(Berndt et al., 2003; Shankar et al., 1998).

정수기시장은 선발기업인 코웨이가 구축해 놓은 코디라는 방판 조직에 의한 판매 방식이 주도적인 법칙으로 고착화되어 있었고, 소비자들의 인식 역시 이러한 방식에 익숙해 있었다. LG전자는 시장 세분화를 통해 목표 고객을 특정화하여 의도했던 목표 고객군의 관심을 끌며 등장할 수는 있었으나, 전체 소비자들의 인식을 크게 전환하지는 못하였다. 더군다나 LG전자의 베스트샵에서는 많은 가전제품 중 하나로 정수기가 판매되고 있어 정수기 제품에 집중하여 판매하는 코디와 달리 LG전자의 판매사원의 집중도는 상대적으로 낮을 수밖에 없는 구조라고 할 수 있다. 코웨이는 적극적인 대응 전략 차원에서 코디의 수당을 올려 더욱 공격적인 판매가 이루어지도록 하였다. 결과적으로 LG전자의 시판 방식인 마케팅 역량은 선발기업인 코웨이의 방판 방식에 비해 시장 점유를 확산하는 측면에서는 상대적인 열위라고 할 수 있다.

둘째, 정수기시장은 기존의 사용자에 대한 교체 판매가 70~80%를 차지하는 구조로 기존 고객을 많이 확보하고 있는 선발기업에게 매우 유리하였다. 선발기업은 구매자의 전환 비용을 높여 이를 우위 요소의 주요 원천으로 활용한다(Lieberman & Montgomery, 1988). 실제로 코웨이는 1만 3천명의 코디 조직을 통해 비데, 공기청정기 등의 연결 상품이 계속 판매하는 등 고객과의 친숙도를 공고히 하고 있었고, 정수기 뿐 아니라 고객 가정에 판매한 비데, 공기청정기 등을 통합적으로 유지관리함으로써 고객이 정수기만 타 제품으로 바꾸는 것이 번거롭게 인식하도록 하는 전략을 취하고 있었다. 실제로 코웨이는 기존 고객의 이탈을 막기 위해 렌탈 시 1년의 의무 사용 기간을 2년으로 늘리고 서비스를 강화하였다.

셋째, 선발기업으로서 가진 코웨이의 기술적 리더십에 대한 대처가 미흡하였다. Lieberman & Montgomery(1988)는 선발기업의 우위 중에 경험곡선과 R&D 및 특허를 통한 기술적 리더십을 꼽았는데, 코웨이는 LG전자보다 약 20여년의 시장 경험을 통해 다양한 정수기 개발 기술을 보유하고 있었다. 특히 2002년 물 저장 탱크가 없는 직수식 정수기를 출시하기도 하였는데, LG전자의 고객에 대한 핵심 소구점이었던 스테인리스 저수조 정수기에 대응한 제품으로 바로 이

직수식 정수기를 활용한 것이다. 코웨이는 LG전자의 위생에 방점을 찍은 저수조 정수기를 방관할 경우 시장의 법칙이 바뀔 것을 우려하였고, 기존의 플라스틱 저수조 정수기 제품으로는 위생에 대한 설득력이 약하다는 판단으로 아예 저수조가 없는 정수기를 대응 제품으로 내놓은 것이었다. 한편으로 선발기업들은 LG전자가 "플라스틱 수조로 받은 물은 먹는 물이 아니라 씻는 물입니다"라는 정수기 광고 문구를 문제 삼고 공정거래위원회에 제소하여 LG전자는 결국 광고를 내리기도 하였다.

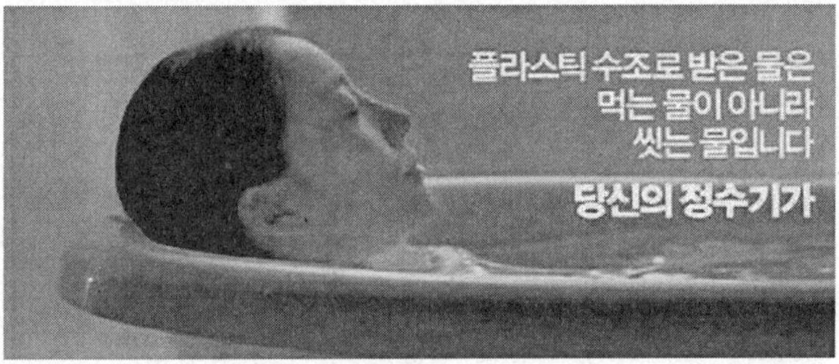

자료 : LG전자 (2009)

| 그림 9 | LG전자 정수기 광고 (욕조편)

이로써 코웨이의 방어 전략은 성공하는 듯 했으나 결과적으로 LG전자와의 경쟁 상황으로 인해 정수기시장의 판도가 변화하는 예기치 못한 결과를 낳게 되었다. 즉 LG전자가 시장을 세분화하여 특정 고객의 니즈에 맞춘 제품을 가지고 진입했던 것처럼 특화된 정수기시장이 열린 것이다. 쿠쿠전자라는 새로운 후발기업이 1~2인 가구를 목표 고객으로 한 저가의 소형 정수기를 개발하여 정수기 시장에 진입하였고, 기존 선발기업 중의 하나인 청호 나이스는 커피와 얼음 기능이 포함된 특화 정수기를 신제품으로 개발하여 출시하였다. 이로써 2009년 당시 57.1%를 자랑하던 코웨이의 시장 점유율은 2015년 기준 약 43% 수준으로 낮아졌고, 쿠쿠전자, 교원, 바디프렌드 등 다른 후발기업들의 진입하면서 전체적인 시장 규모는 커지는 현재의 정수기시장 구조가 자리잡게 되었다.

LG전자는 현재 정수기시장에서의 위생을 강조한 프리미엄 위치를 유지하면서 기존의 선발기업을 자극하지 않는 전략 방향을 지향하고 있다. 정수기시장에 효과적으로 진입하기 위하여 제품과 마케팅 측면에서 기존 시장의 법칙을 깨뜨리는 전략을 시도했지만 이는 단지 정수기시장만을 목표로 하기보다 프리미엄 위치를 점하여 국내외 시장 경험을 쌓고 헬스케어 사업을 위한 교두보를 확보하기 위한 목적이었고, 기존 업체들의 고객을 빼앗아 시장점유율을 무차별로 확대하려는 전략은 아니었다. 사실 해외 정수기시장은 이제 태동하고 있다고 볼 수 있으며, 그렇기 때문에 LG전자가 국내에서 쌓은 학습경험을 통해 정수기시장이 태동되지 않은 해외 시장에 진출하는 경우 선발기업으로서의 지위를 확보할 수 있다. 특히나 해외 시장에 눈을 맞추고 있는 LG전자로서는 국내 시장에서의 학습 경험을 기반으로 더 많은 가치와 성과를 해외 진출에서 거두기를 바라는 중이다. 따라서 국내 정수기시장의 후발기업인 LG전자가 선발기업의 우위를 극복해가는 과정은 여전히 진행 중이며, 특히 해외 시장에 대한 후발기업이자 선발기업으로서의 전략과 성과 역시 주목할 필요가 있다고 하겠다.

IV 후발기업의 해외 진출 전략 사례연구

제1절 해외진출 방법 결정의 영향 요인

1.1 더닝의 절충 이론

더닝(Dunning 1980)의 절충 이론은 해외 직접 투자를 포괄하는 개념으로서 해외시장 진입 방식의 선택에 영향을 미치는 기존의 다양한 요인들에 제기되었던 의견들을 종합하였다. 절충 이론에서는 해외시장 진입 방식의 선택은 세 가지 결정요인이 상호작용한 결과라고 본다. 이는 기업 특유 우위(ownership-specific advantages), 입지 특유 우위(location-specific advantages), 내부화 우위(internalization advantages) 등이다.

1.1.1 기업 특유 우위

기업 특유 우위란 기업이 점유할 수 있는 기업 특유의 경쟁 우위(firm-specific competitive advantage)를 말한다(Porter 1980). 일반적으로 해외시장에 진입하는 외국기업은 현지 기업에 비해 현지 시장의 환경에 대한 이해도가 낮아 경쟁 열위 상황에 있게 된다. 따라서 이러한 불리한 상황에서 외국기업은 현지 기업과 경쟁하고 성과를 이뤄내기 위해서 현지 기업이 보유하고 있는 본래적인 경쟁력을 상쇄할 수 있는 어떤 특정한 경쟁 우위 요소를 소유하고 있어야 한다. 즉 해외시장에 진출하는 기업들은 현지 기업들과 성공적으로 경쟁하기 위해 우수한 내부 역량을 가지고 새로운 시장에 진입하는 경제적 비용을 상쇄할 만큼의 성과를 창출할 수 있어야 한다는 것이다. 이러한 기업 특유 우위는 기업의 규모, 국제 경험, 제품 및 서비스의 차별화 능력, 최고경영자의 의지 등으로 설명할 수 있다(Dunning 1993).

기업의 규모는 경영과 재무적 측면에서 자원의 양을 나타내며, 기업이 가진 자산능력은 그 기업의 규모 및 국제 경험에 의해 영향을 받는다(허영도 2008). 규모가 큰 기업들은 규모가 작은 기업들에 비해 해외시장에 진출 시 요구되는 자원 투자에 더 유리한 위치를 점할 수 있다. 특히 국제 경험은 해외시장 진출을 위한 직접 투자에 매우 중요한 요인으로 국제 경험에 따라 해외시장 진입 방식을 선택하는 것에 차이가 발생한다(Johanson and Vahlne 1977). 예컨대 일반적으로 국제 경험이 부족한 기업은 국제 경험이 풍부한 기업보다 해외시장 진출 활동 시 많은 문제점을 가지게 되며, 실제 위험보다 잠재적 위험의 크기를 과장되게 인식하는 경향이 있어 이러한 우려 때문에 해외 직접 투자 방식을 선호하게 된다(성용모 2000). 또한 시간이 흐르고 경험이 증가하면서 국제 경험을 축적한 기업은 해외시장에 대하여 더 많이 개입하게 되고, 물리적인 거리가 먼 시장으로 진출 범위를 더욱 확장하게 된다. 이러한 확장 과정은 기업으로 하여금 지속적으로 해외시장에 대한 경험을 축적하게 하고, 축적된 국제 경험을 통해 더욱 적극적으로 해외시장 관련 활동을 하게 만든다. 이러한 경험적 지식은 실제 해외시장 진출에 참여한 기업만이 쌓을 수 있는 것이다.

한편 기업의 규모와 국제 경험과 함께 제품차별화 능력 또한 해외시장 진입을 결정하는 주요 요인으로 간주되어 왔다. 경쟁 제품보다 차별화된 제품이나 서비스를 제공하는 기업들은 자신들이 가진 역량을 다른 기업들과 공유하는 것을 지양하는 경향이 있으며, 이는 자신들이 가진 차별화 요소가 유출되어 유사한 역량을 가진 잠재적 경쟁자의 출현을 원하지 않기 때문이다. 따라서 자사의 제품 및 서비스에 대한 차별화 능력이 있는 기업들은 해외시장 진출 시에 보다 높은 통제가 가능한 진입 방식을 선호하게 된다(김경, 이동인 2004). 또한 최고경영자가 가진 지식과 경험 및 연결망 등의 역량은 국제화를 추진하는 과정에서 당면한 어려움을 극복할 수 있게 해준다. 기업의 해외시장 진출을 적극적으로 지원하는 경영자가 있는 기업은 해외시장에서 매출 증가 및 점유율 확보 등의 성과를 창출하는 것에 더욱 의지를 갖게 되며, 공격적인 자원 투입을 결정하는 등 보다 적극적으로 시장 관리 전략을 구사할 것이다. 즉 최고경영자의 국제화 의지가 높을수록 보다 강력한 의지와 실행을 요구하는 적극적인 해외 진출을 추진하게 된다(강태구, Zhang 2007).

1.1.2 입지 특유 우위

입지 특유 우위는 시장 잠재성과 시장 위험 등 현지국 특유 요인(host country-specific factor)과 관련이 있다(Root 1987). 더닝(Dunning 1993)은 입지 우위에 대한 측정항목을 시장 수요, 잠재 수요, 정치와 무역정책, 경제와 법률, 문화, 시장구조의 유사성 등을 들고 있다. 특정한 해외시장을 목표로 하는 기업은 그 현지 시장의 환경을 고려한 선택적인 전략을 사용하게 된다. 그 이유는 입지 특유 우위가 존재하는 시장에서는 높은 수익을 확보할 수 있는 기회가 더 많기 때문이다(허영도 2008). 특정 시장의 매력도는 시장 잠재성 및 시장 위험에 의해 결정될 수 있다. 시장 크기 및 성장성 등의 시장 잠재성은 해외투자의 중요한 결정요인이 된다(Terpstra and Yu 1988). 또한 시장 위험은 현지 국가에서 기업의 생존에 결정적인 역할을 하는 현재의 정치·경제·사회문화 등의 거시환경 여건이 지속되는지의 불확실성에 기인한다. 특히 현지 시장의 수요 불확실성은 기업이 장기적으로 경영계획을 수립하거나 대규모의 경영자원 투입을 결정할 때 장애요인으로 작용하게 된다. 따라서 현지 시장의 불확실성이 높을수록 해외시장 진입에 있어 과도한 투자 대신 현지 기업의 설비를 최대한 활용하여 필요시 신속한 철수가 가능하도록 하는 진입 방식을 선택하게 된다(김경, 이동인 2004). 따라서 수요 불확실성이 높을수록 단독 투자 방식에 비해 더 낮은 통제 방식인 합작 투자 방식을 선호하게 된다(방호열, 이상기 1998).

현지국의 정치와 경제, 사회·문화 등의 환경적 요인 역시 기업의 진입 방식 선택에 매우 중요한 영향을 미치게 된다. 국가 위험이 큰 나라일수록 낮은 통제 수준의 진입 방식을 선택한다(Contractor and Kundu 1998). 루트(Root 1987)는 정치적으로 불안정한 국가에 진출하는 경우 자본 투입 정도가 낮은 진출 방식이 선호된다고 주장하였으며, 또한 현지국 정부가 외국기업에 대하여 규제정책을 펼친다면 진출 기업은 단독 투자보다 합작 투자 방식을 취할 것이라 보았다. 사회·문화적 거리는 진출 기업의 본국과 진출하고자 하는 현지국 간의 사회·문화적 거리를 의미하는 바, 본국과 현지국의 문화괴리가 클수록 두 시장 간에 유사성이 낮게 된다. 이와 같이 시장 간 유사성의 정도가 낮을 경우 정보 수집 비용, 관리 비용, 통합 비용 등 각종 비용의 추가적 부담이 발생하기 때문에 기업들은 본국과 현지국과의 문화적 괴리가 클수록 합작 투자 방식을 선호하게 된다(방호열, 이상기 1998). 또한 국가별 문화적 차이가 해외시장 진입 방식에 영향을 미치며(Kogut and Singh 1988), 현지국과 본국과의 문화적 거리가 큰 경우 해외시장 진출 기업은 현지국 파트너의 도움을 받으면 보다 효율적인 현지 경영을 수행할 수 있게 된다(Hennart and Larimo 1998). 예컨대 합작 투자는 노동력 공급과 부품 공급업체, 고객의 확보뿐 아니라 현지국 정부와의 협상 등 경영활동 전반에서 현지 파트너의 도움을 받을 수 있어 문화적 거리가 클수록 해외시장 진출 기업은 합작 투자를 선호한다는 것이다. 브루더스 등(Brouthers et al. 1996)은 절충 이론의 입지 우위 요인에 따른 진입 방식의 차이를 검증한 바 있는데, 입지 우위가 클수록 단독 으로 투자하는 형태를 선호하는 것으로 나타났다.

1.1.3 내부화 우위

내부화 우위는 기업을 위계적(hierarchical)으로 운영하는 것에 대한 비용과 우위라 할 수 있다(Dunning 1993). 내부화 우위는 시장 불확실성으로 인한 실패 또는 외부 파트너의 기회주의적 행동이 내재되어 있을 때, 자산과 기술 등의 역량을 내부화함으로써 얻게 되는 혜택을 의미한다(Agarwal and Ramaswami

1992).

절충 이론에 의하면 수출, 계약 방식, 직접 투자 등의 진입 방식 중에서 직접 투자를 선택하려면 독점적 우위라는 기업 특유의 우위, 현지국의 입지 특유 우위, 그리고 내부화의 우위 등 세 가지의 우위가 종합적으로 상호작용하여야 한다. 더닝의 절충 이론은 현재까지 개발된 여러 모형들을 잘 종합한 이론체계라고 할 수 있으며, 각 우위 요소별 주요 변수들은 다른 학자들의 해외시장 진출 방식의 영향요인과도 연계되어 보인다.

1.2 루트의 진입 방식 결정요인 : 내부요인/외부요인

루트(Root 1987)는 해외시장 진입 방식 결정에 영향을 주는 요인을 크게 외부요인과 내부요인으로 나누어 설명하고 있다. 외부요인으로는 현지국 시장요인, 현지국 생산비 관련 요인, 현지국 환경요인, 본국 환경요인이 있으며, 내부요인은 제품 요인과 자원·투입 요인이 포함된다. 외부요인과 관련하여 현지국의 시장요인은 시장규모, 경쟁구조, 시장 관리 하부구조 등이며, 현지국 생산비 관련 요인은 생산요소 및 중간 부품의 품질 및 수량, 운송·통신·항만시설 등 경제적 기반을 의미한다. 현지국의 환경요인은 수입제한 정책, 투자유치 제한 정책 등 정부의 정책과 규제이며, 본국의 환경요인은 기업 규모, 경쟁구조, 생산비의 높고 낮음, 수출과 해외 직접 투자에 대한 정부 정책 등의 요인들이 있다. 내부요인으로서의 제품 요인은 제품차별화 수준, 고객가치 창출위한 서비스의 대응력, 제품고유의 특성 등이 포함되고 자원 투입 요인에는 기업 규모와 자원의 투입 정도 등이 해당된다.

이와 같이 기업이 해외시장 진출 시에 목표시장에 어떻게 들어갈 것인가는 여러 요인에 의해 결정된다. 최고경영자의 판단과 의지가 결정적인 역할을 할 수도 있고, 여러 복합적인 요인들을 종합 분석하여 최적의 진입 방법을 선택할 수도 있다. 절충 이론의 우위 요소별 제시된 주요 요인들과 루트(Root 1987)가 제시한 기업 외부와 기업 내부 관점의 요인들을 활용하여 진입 방법 결정에 영향을 미칠 수 있는 요인을 재구조화하면 다음 〈그림 10〉과 같다.

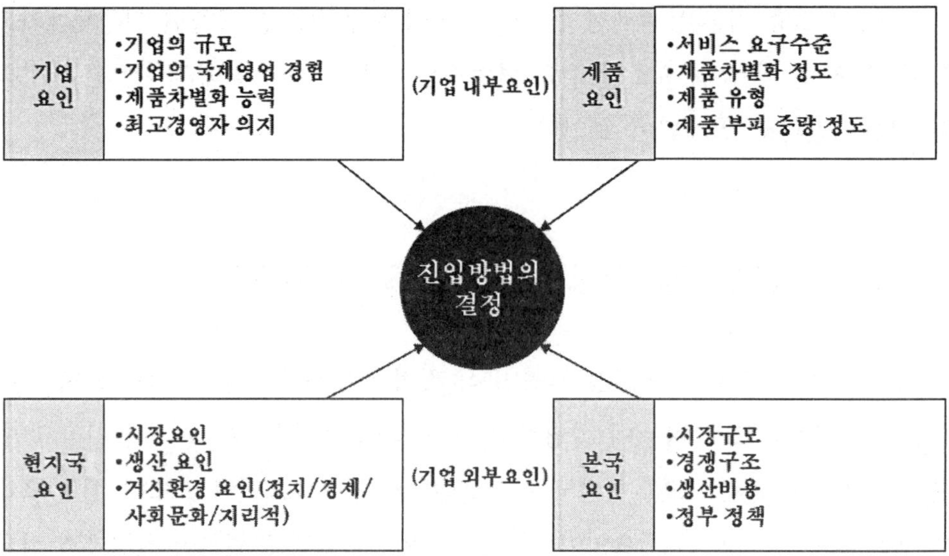

자료: 더닝(Dunning 1980) 절충 이론의 결정이론과 루트(Root 1987)의 진입 방식 결정요인을 연구자가 재구조화

▌그림 10▐ 해외 진출 시의 결정요인

1.3 해외진출 전략 이론

해외 진출 전략은 해외시장에 진출하고자 하는 기업이 목표 달성을 위해 해외 진출에 관한 계획을 수립하고, 수립한 계획을 실행하기 위한 구체적인 방향을 설계하며, 계획의 효과적인 실행을 위해 기업이 보유한 자원을 적절하게 배분하여 활용하는 것이라 정의할 수 있다. 본 연구에서는 해외진출 전략 이론을 고찰하고 한국 기업의 인도 시장 진출에 대한 연구를 진행하고자 한다.

1.3.1 차별화 전략

해외 진출 기업은 해외시장 개척에 앞서 자사가 가진 제품 품질과 인지도 등의 제품 자체의 경쟁력과 더불어 그리고 가격 및 비가격 경쟁력을 감안하여 적합한 경쟁전략을 채택해야 한다. 포터(Porter 1980)에 따르면 경쟁전략은 경쟁이 일어나는 해당 산업 내에서 상대적으로 유리한 경쟁력을 확보하기 위해 기업이 추구하는 전략으로, 기업은 시장과 산업 상황을 분석하여 차별화(differentiation), 원가 우위(cost leadership), 집중화(focus)의 3가지 전략 유형 중에 적절한 본원적 전략을 선택한다. 차별화는 기업이 특정 산업 내에서 자사의 제품차별화를 통하여 다른 기업과 구별되는 특징을 개발하여 경쟁 우위 요소를 확보하는 것이며, 이러한 차별화의 대가로 높은 가격을 요구하는 전략이다. 원가 우위는 기업이 경영 효율성을 극도로 추구하여 간접비를 통제하고 원가절감을 통하여 우위 요소를 가지는 전략이다. 집중화는 특정 시장, 특정 소비자 집단, 일부 제품 종류, 특정 지역 등 특정 시장을 집중적으로 공략하는 전략이다.

이 중 차별화 전략을 채택하는 기업은 다른 경쟁사들이 제공할 수 없는 고품질의 제품을 공급하는 것에 경쟁의 강점과 경쟁 우위 요소를 두고 있으므로 이를 위해서는 연구개발 투자를 통한 고품질의 첨단 제품 개발뿐 아니라 고객의 욕구를 정확히 파악하여 이에 기반을 둔 시장 관리 역량을 확보하여야 한다. 따라서 차별화 전략은 제품에 대한 기술적 차별화와 고객에 대한 시장 관리 차별화로 구분되며, 경쟁기업 대비 특화된 제품을 제공하는 것에 기반을 둔다.

워드 등(Ward et al. 1996)은 차별화 전략 활용 기업과 원가 우위 전략 활용 기업을 경쟁전략, 환경, 조직구조, 제조 전략 등의 관점에서 비교 분석하였는데, 차별화 전략 활용 기업은 고객들과의 근접성을 유지하면서 경쟁자 활동에 대한 관찰을 통해 높은 전문화와 차별화에 기반을 둔 제품개발과 시장 관리가 필요하다고 제시하였다.

결론적으로 차별화 전략은 기업이 판매하는 제품을 차별화시켜 해당 산업 내에서 다른 경쟁사의 모든 제품에 대비하여 고객이 자사의 제품을 우월하게 인지하도록 만드는 전략을 의미한다. 포터(Porter 1985)의 정의에 따르면 차별화 전략은 해당 시장 내에서 고객에게 가치를 부여해주는 여러 차원 중에서 독특성을 찾는 전략이다. 본 연구에서는 고객과 경쟁자에 대한 시장 정보 활용을 강조하면서 시장 지위 우위를 달성하기 위한 전략으로서 내부적 요인을 강조하는 저 원가 추구 전략보다는 외부적 요인을 강조하는 차별화 전략에 집중하였다.

1.3.2 현지화 전략

현지화(Localization)는 해외에 투자하고 진출한 기업이 본국의 경영방침과 체계를 원형으로 삼되 시장 관리, 생산, 고객 관리, 조직 등의 경영활동 전 분야에서 현지 사회에 적합한 경영체계를 독자적으로 구축하고 현지 사회에 융화함으로써 성공적인 현지 사업 활동을 추구하는 것이다. 이러한 현지화는 해외 진출을 추구하는 다국적 기업의 경우 반드시 추진해야 할 전략이라고 할 수 있다.

펄머터(Perlmutter 1969)는 현지화를 생산, 판매, 인력, 원자재 조달, 시장 관리, 연구개발 등 경영활동의 주요 부문을 현지에서 수행함으로써 독자적으로 생존하고 현지 기업으로 정착되어 가는 과정으로 정의하였고, 게이츠와 에겔호프(Gates and Egelhoff 1986)는 본사 대비 현지국의 자회사가 가지는 의사결정 권한의 정도로 현지화의 개념을 이해하였으며, 로젠츠바이크와 노리아(Rosenzweig and Nohria 1994)는 현지국 기업들의 경영방식과 유사한 기준에 근접하는 정도를 현지화로 정의하였다. 김효율과 이찬근(1995)은 현지화의 개념을 현지 시장에 적합한 제품을 생산하여 판매하고 이를 통하여 창출된 영업성과를 현지국에 재투자하여 현지 사회에 공헌함으로써 현지 기업으로 정착하는 국제 경영 전략으로 제시하였다. 이장로 외(2000)는 기업 내부 측면에서 현지 법인의 경영관리 현지화와 외부 측면에서 이해관계자와 관련된 현지화로 구분하여 분석하고, 현지화를 현지 법인의 경쟁력을 강화할 수 있는 방안이라고 하였다. 박의범과 김은주(2002)는 현지 사회에 대한 경제적 공헌 외에 기술이전, 인재 육성, 현지 사회와의 교류 및 조화, 환경자원 보존, 문화적 공헌 등 현지 사회와 공존하는 모든 과정을 총괄하는 의미로 정의하였다. 서민교와 김희준(2014)은 현지화의 전략적 모형을 제시하고 인도에 진출한 한국 기업의 실제적인 현지화 사례를 통해 성공적인 현지화 전략을 설명하였다. 이와 같이 현지화에 대한 연구자들의 개념을 종합하면 현지화란 해외시장에 진출한 기업들이 현지 시장에서 생산, 판매, 조직관리 등 경영활동 전 분야에서 현지에 적합한 독자적인 체계를 구축하고 현지 사회와의 교류를 통하여 국경을 초월하여 현지국의 기업이 되어 가는 것으로 인식할 수 있다.

1.3.3 한국 기업의 인도 시장 진출에 대한 연구

인도 시장에 대한 국내 연구는 주로 진출 전략 또는 직접투자에 관련된 연구가 많이 행해졌다. 특히 2010년 양국 간 자유무역협정(FTA)이 발효되어 양국 관계가 전략적 동반자 관계로 격상되면서 한국 기업들의 인도 진출 전략에 대한 학문적 연구가 활발하게 이루어지고 있다. 윤동진(2002)는 현대자동차가 가진 내부 역량에 초점을 맞춰 인도 시장 진출 시에 취한 입지선정과 제품개발, 판매망 구축 등의 전략을 분석하였다. 권오성(2004)은 인도 IT시장에 대한 국가 차원과 기업 차원의 진출 전략을 위하여 인도의 정보통신 정책과 시장 환경을 분석하였고, 이서영(2005)은 인도 시장에서의 지속적인 수출 증가를 위한 정부와 기업 차원의 수출상품 경쟁력 전략을 모색하였다. 정기호와 고현정(2007)은 인도 물류 시장에 대한 우리나라 제 3자 물류기업의 경쟁력 평가모형 연구를 통해 국내 물류기업이 인도 시장에 진출할 때 자본조달 능력, 보유시설, 인력수준, 정보능력, 환경변화 대응능력의 내부 역량을 강화해야 한다는 결론을 도출하였다. 문철우(2007)는 인도의 신유통산업의 현황과 성장 동인, 주요 해외유통업체들의 인도 진출 전략 등의 환경 요인을 분석하여 한국 기업들이 다양한 기회 요인을 확보할 수 있도록 시사점을 제시하였고, 이명무와 김윤호(2008)는 친디아(Chindia)의 IT산업 현황과 정부 정책을 통해 한국 IT기업의 친디아 진출 방안에 대해 기술하였다. 김철과 김진(2009)은 인도에 진출한 기업의 경쟁 우위 요소를 내부 자원인 마케팅 능력, 기술 능력, 재무 능력, 제품개발 능력, 소비자관리 능력으로 정의하고 이들 요소가 경영 성과에 영향을 미치는 것을 분석하였다. 서대교와 신종협(2011)은 외부 환경 요인의 관점에서 인도의 보험 시장 분석과 외국 보험사의 인도 시장 진출 사례를 통하여 단계적 진입전략과 현지화 전략, 특화상품의 개발 전략이 필요함을 제시하여 향후 우리나라 보험회사들의 인도 진출을 위한 시사점을 제공하였다. 박종삼(2013)은 인도 물류시장에 대한 우리나라 기업들의 진출방안을 제시하기 위하여 인도 주요 권역별 물류시장의 환경을 분석하였다. 이중우와 고광근(2013)은 중국과 인도에서 현대자동차가 가진 네트워킹 역량이 시장 진입 과정에서 지역적, 제도적 학습과 시장몰입을 가능하게 하고 새로운 시장 진입을 촉진할 뿐 아니라 속도를 선도한다는 것을 규명하였다. 배일현과 주용준(2013)은 삼성전자, LG전자, 현대자동차의 투자 현황과 주요 전략을 분석하여 인도에 진출한 한국 기업들의 활성화 전략을 제시하였다. 정무섭과 표민찬과 이지은(2013)은 인도 시장에서 고전하고 있는 외국 기업들이 참고할 수 있도록 인도 증권시장을 투자 유형으로 분류하고, 공시자료와 언론매체, 기업보고서 등의 자료에 기반하여 각 유형별로 높은 실적을 보이는 기업들의 성공요인을 분석하였다. 서민교와 김희준(2014)은 이미 인도 시장에 진입한 한국 기업들이 추진하고 있는 현지화 전략에 초점을 맞춰 개별 기업들의 성공 및 실패 사례를 비교 분석하였다. 이재혁과 김순성(2014)은 구체적 및 추상적 특성을 적절히 사용하는 현대자동차의 브랜드 포지셔닝 전략에 초점을 맞춰 심층적으로 분석하였다. 해외시장 진출의 단계를 고려할 때, 이들 연구들은 해외 진출을 결정하는 단계에서 기업 내부 역량과 기업 외부 환경 영향 요인의 관점으로 구분될 수 있으며, 더불어 해외시장 진입 이후의 단계에서 기업이 성과를 창출하기 위해 추진하는 전략의 관점 3가지로 유형화할 수 있는데 각각의 관점에 따른 연구 내용을 정리하면 〈표 13〉와 같다.

이와 같이 현재까지 한국 기업의 인도 시장 진출에 대한 연구는 대부분 기업의 내부 역량에 초점을 맞추거나, 외부 환경적 영향 요인으로서의 관련 정책 및 시장 환경에 초점을 맞춰 시사점을 제시하고 있다. 즉 기업이 국내 시장을 벗어나 새로운 시장에 진출하는 단계에 대한 연구들은 고려해야 할 영향 요인을 단편적으로 분석하고 있어 다양한 요인을 종합적으로 검토해야 하는 기업 입장에서는 연구 결과를 실무적으로 활용하기 어려울 수 있다. 또한 시장 진출 이후 단계에서의 브랜드 전략 등 특정 전략에 초점을 맞춘 연구의 경우 유사한 시장 지위를 가진 기업이 아니라면 적용하기 어려운 한계가 있다. 따라서 본 연구는 기업 외부와 내부의 요인을 구조화하여 한국 기업이 인도 시장에 진출하기 위하여 고려해야 할 다양한 요소를 종합적으로 분석하고자 한다. 더불어 이러한 복합적 분석은 시장 진출 이후 추진하는 전략의 근거로서 기업이 전략 결정을 위하여 어떤 요소를 고려해야 하는지에 대하여 실무적인 시사점을 제공한다고 할 수 있을 것이다. 특히 본 연구에서 기업의 해외 시장 진출 배경과 결정 요인을 설명하기 위하여 더닝(Dunning 1980)의 절충 이론(Eclectic Theory)과 루트(Root 1987)가 제시한 기업 외부요인과 내부요인의 이론을 검토하여 분석하였다.

┃표 13┃ 연구 관점에 따른 분류

구 분	저 자	주요 내용
기업 내부 역량 관점	윤동진(2002)	현대자동차의 사례를 통하여 인도 시장에 진출하면서 추진했던 입지선정과 제품개발, 판매망 구축 등의 전략을 제시
	김철과 김진(2009)	인도에 진출한 기업의 경쟁우위 요소를 마케팅 능력, 기술능력, 재무능력, 제품개발능력, 소비자관리능력으로 정의하고 이들 요소가 경영성과에 영향을 미치는 것을 분석
기업 외부 환경 관점	권오성(2004)	인도의 IT시장에 대한 진출 전략을 국가 차원과 기업 차원에서 제시
	이서영(2005)	인도시장에서의 지속적인 수출 증가를 위한 국가와 기업 차원의 수출상품 경쟁력 전략을 모색
	문철우(2007)	인도의 신유통산업의 현황과 성장 동인, 주요 해외유통업체들의 인도 진출 전략 등의 환경 요인을 분석
	서대교와 신종협(2011)	외부 환경 요인인 인도의 보험 시장 분석과 외국 보험사의 인도 시장 진출 사례를 통하여 단계적 진입전략과 현지화 전략, 특화상품의 개발 전략이 필요함을 제시
	박종삼(2013)	인도물류시장에 대한 우리나라 기업들의 진출방안을 제시하기 위하여 인도 주요 권역별 물류시장의 특징을 분석
특정 전략 관점	이중우와 고광근(2013)	현대차가 중국과 인도의 시장진입 과정에서 다양한 주요 지역행위자들과 협력의 네트워킹을 수행하며 지역적, 제도적 학습과 시장몰입이 새로운 시장으로의 진입을 촉진하고 속도를 선도한다는 것을 규명
	배일현과 주용준(2013)	삼성전자, LG전자, 현대자동차의 투자 현황과 주요 전략을 통하여 인도에 진출한 한국 기업들의 활성화 전략을 제시
	서민교와 김희준(2014)	인도에 진출한 한국기업들의 현지화 전략에 초점을 맞춰 개별 기업들의 성공 및 실패 사례를 비교분석
	이재혁과 김순성(2014)	현대자동차 인도법인이 취하고 있는 브랜드 포지셔닝 전략을 심층적으로 분석

출처 : 인도 시장 진출에 대한 기존 문헌을 관점에 따라 연구자가 분류

제2절 LG전자의 인도시장 진출 배경

2.1 국내 정수기시장 현황

앞에서 설명한대로 국내 정수기시장은 매년 지속적으로 성장하는 추이를 보이고 있다. 2006년 매출액 4,357억 원 대비, 10년여 만인 2015년 2조 4,000억 원대로 추정하고 있다. 즉 국내 정수기시장은 매년 평균 1,000억~2,000억 원씩 꾸준히 성장해 왔으며 1조 3,000억 원의 에어컨 시장과 8,000억 원의 김치냉장고 시장을 합한 규모보다 크며, 가구 보급률은 60% 수준에 달하고 있다(『전자신문』 2015/05/10).

정수기 제품은 판매가 이루어진 이후에도 필터 교체 등의 꾸준한 유지관리가 필요하다는 특성으로 고객은 제품 구매 후에 일정 비용을 내며 관리 서비스를 받게 되어 업체 입장에서 지속적인 수익모델이 될 수 있다. 이런 이유로 정수기 시장은 보급률이 60%를 넘었음에도 동양매직, 쿠쿠전자, 교원, 바디프랜드 등의 신규 진입업체들이 시장에 유입되고 고객 유치 경쟁은 격화되고 있다. 이들 신규 업체들이 진입하면서 경쟁 상황이 치열해지고 있지만 국내 정수기시장은 여전히 코웨이의 시장 지배력이 큰 상황이다. 특히 유지 관리를 명목으로 한 고객과의 접점 빈도가 잦아 비데, 공기청정기, 화장품 등 다른 제품의 추가 판매 기회를 확보할 수 있다. 급격한 시장 성장을 기대하기보다 기존 교체 수요의 확보를 통해 수년간 수익이 보장되는 이점이 존재하는 구조라고 할 수 있다.

2.2 LG전자의 한국시장 진입

이러한 국내 경쟁사들의 움직임 속에서 LG전자는 신성장 동력 발굴의 필요성을 절감하였고 시장 분석을 통하여 'Style, Beauty, Health'의 개념을 도출하여

이 중 특히 'Health'에 집중한 LG전자는 건강관리(Health care) 사업의 범위(Portfolio)를 'Water, Body, Air'를 주축으로 구조화한 후 우선 정수기시장에 진입하였다고 앞에서 설명한 바 있다.

이러한 과정을 통해 2009년 국내 정수기시장에 진입한 LG전자의 국내시장 점유율은 현재 약 4%로 추정된다. 그런데 국내 시장은 코웨이와 청호 같은 강력한 선발업체의 확고한 지위가 있는 와중에 한참 시장에 진입하고 있는 신흥 업체들의 가격 경쟁이 범람하고 있는 녹록지 않은 상황이라고 할 수 있다. 즉 대형 2개사가 상당한 시장점유율을 차지하고 다수의 중소업체들이 진입하면서 경쟁이 심화되고 있는 것이다. 국내 시장에 국한하여 본다면 LG전자는 선발업체를 따라잡는 전략과 동시에 다수의 후발업체들과는 치열한 경쟁을 해야 하는 쉽지 않은 상황이라고 할 수 있다.

제3절 LG전자의 인도시장 진출 결정요인

한국 내수시장에서의 선발주자들을 단기간에 따라잡기엔 제반 여건이 녹록지 않은 상황에서 저가를 무기로 신규진입한 중소기업들과의 경쟁 또한 쉽지않은 현실적인 문제가 결국은 LG전자가 정수기시장에 진입하면서 곧바로 해외시장 진출을 추진한 직접적인 이유라고 할 수 있다. 게다가 전체 매출과 수익의 약 85%를 해외시장에서 얻는 다국적 기업인 LG전자는 강점을 가지고 있는 해외시장에서 오히려 더 큰 성과를 기대할 수 있을 것이라고 판단하였다. 따라서 LG전자는 정수기 사업의 목표를 달성하기 위해서는 일단 내수에서 시작을 했지만 국내 시장에 국한하여 선발업체를 따라잡는 전략을 추구하거나 신흥 업체와의 경쟁에만 치중해서는 안 된다는 전략적 판단을 하게 되었다. 국내시장에서는 정수기 사업의 본질을 학습하고 핵심 역량을 빠르게 습득하면서 동시에 잠재력이 큰 해외시장을 공략하는 것이 매력이 크다고 판단한 것이다. 루트(Root 1987)가 해외시장 진입에 영향을 미치는 주요 요인 중에 본국의 환경요인과 관련하여 경쟁구조와 기업 규모를 제시한 바와 같이 국내 시장의 치열한 경쟁 환경과 세계 굴지의 다국적 기업으로서의 기업 규모는 LG전자가 해외시장 진출을 결정하게 된 동기라고 할 수 있다. LG전자는 정수기에 특화된 역량과 경쟁력을 내재화한 이후 보유하고 있는 기술력과 서비스 기반, 강력한 국제 브랜드 파워를 바탕으로 성장성이 높은 국제 전략 국가로 진출하고자 한 것이다.

LG전자의 인도 시장 진출에 대한 주요한 결정요인은 더닝(Dunning 1980)의 절충 이론에서 제시된 기업 특유 우위와 입지 특유 우위 관점에서 살펴볼 수 있다. 이는 루트(Root 1987)가 제시한 기업 외부와 기업 내부 관점의 요인들로 구조화하여 볼 수도 있는데, 먼저 기업 외부의 관점에서 현지국 요인의 변수인 거시환경 요인과 시장 성장성, 경쟁 환경 등 측면에서의 기회요인을 살펴볼 필요가 있다. 더불어 기업 내부의 관점에서 LG전자가 보유한 인적·물적 자원과 국제화 경험 등의 기업 요인과 제품차별화 요인은 LG전자의 핵심 역량으로 인식할 수 있으며, 이들 요인이 어떻게 진출 시장에 대한 결정요인으로 작용하는지를 살펴볼 필요가 있다.

3.1 현지국 요인

해외시장 진출에 대한 의사결정이 이루어진 후 LG전자는 진출 시장을 선정하는 절차에 착수하였다. 해외시장을 선정하는 주요 요인은 시장 매력도와 자사 역량 분석에 따른 것이었으며, 그중에서도 자사 역량을 우선으로 하여 1차 판단 후 시장 매력도 분석을 거쳐 최종 시장을 결정하였다.

해외시장 결정요인을 구체적으로 본다면 다음의 세 가지 요인으로 정리할 수 있다. 첫째, LG전자의 가전제품만을 판매하는 독자적인 고유 직영 판매점이 진출해 있는지의 여부였다. LG전자의 정수기는 인도 시장 내 경쟁 제품에 비해 인지도가 낮기 때문에 유명 브랜드 위주로 판매하는 일반 판매점에서는 경쟁력을 가지기 어렵다. 반면 LG전자의 가전제품만을 판매하는 직영 판매점이 정착되어 있는 시장이라면 이미 갖춰져 있는 판매 경로를 통하여 비교적 용이하게 출시할 수 있는 강점이 생기는 것이다.

둘째, 시장 성장성 등 시장 매력도를 검토하였다. 즉 정수기 사용 요구가 큰 시장을 우선적으로 찾았다. 물과 관련되어 음용수 환경이 열악하고 이 때문에 깨끗한 물을 원하는 요구가 큰 시장의 성장성이 크다고 본 것이다.

셋째, 유지관리 서비스의 가능성이었다. 정수기는 제품 속성 상 판매 후에 적절한 시점에 필터를 교체하는 서비스가 반드시 필요한 제품이다. 필터가 지저분해졌는데도 적절하게 교환이 되지 않으면 오염된 물을 마시게 되기 때문이다. 정수기 제품은 물이 흘러가는 곳에 대한 관리가 필요하여 종합적인 유지관리 서비스가 제공될 필요가 있다. 따라서 유지관리 서비스에서 경쟁력을 갖기 위하여 직영 서비스센터가 구축되어 있으면서 인력 운영을 위하여 인건비가 저렴한 시장이 우선순위가 되었다.

이러한 요인들에 따라 음용수 환경이 깨끗한 일본이나 미국처럼 상대적으로 정수기 제품에 대한 사용 요구가 크지 않고 수요가 있더라도 인건비가 비싼 시장은 제외되었다. 그 결과 인도, 중국, 인도네시아, 베트남 등의 시장이 후보군으로 제시되었다. 특히 이들 시장은 국내의 경우와 같이 지역에서의 강력한 점유율을 확보한 선발업체들이 이미 있었으나, 제품의 기술력과 유지관리 서비스 등의 사업 본질에 있어 LG전자가 가진 기준에 미치지 못하고 있다는 점도 유효한 결정 요인이 되었다. 이러한 요인들의 종합적 결정에 따라 고유 직영 판매점 및 직영 서비스센터의 구축이 이미 정착되어 있어 시장 지배력이 인정되는 인도 시장이 최적의 시장으로 결정되었다.

실제 인도 시장은 4억 불 규모의 시장 수요가 존재하고 있었고, 음용수 기반 자체가 열악하고 각종 수인성 질병이 창궐하는 상태라 정수기 사용 요구가 커 시장 성장 가능성이 높다는 평가를 받고 있었다. 더불어 이미 진출해 있었던 LG

전자의 백색가전에 대한 높은 선호도가 존재하고 있었고, 기존의 고유 직영 판매점과 직영 서비스센터 기반을 활용하여 판매와 유지관리 서비스가 가능한 곳이라는 장점을 지니고 있어 충분히 승산이 있다고 판단되었다.

이에 LG전자는 정수기시장으로 가장 매력적이라고 판단되는 인도 시장에 우선적으로 집중하여 자원을 투입함으로써 빠른 시간 내에 시장 지배력을 확보하고 다른 국가로 사업을 확장시킬 수 있는 교두보를 만들겠다는 방향을 설정하게 되었다. 즉 더닝(Dunning 1993)이 제시한 시장 수요, 잠재 수요, 정치, 경제, 사회·문화, 시장구조의 유사성 등 입지 우위에 대한 측정항목에 대비하여 볼 때 인도 시장은 LG전자의 입장에서 입지 특유 우위 요소가 존재한다고 할 수 있는 것이다.

3.1.1 인도의 거시환경

328만 7,263㎢인 세계 7위의 단위 면적과 2011년 인구조사(Census) 기준 인구 12억 1천만 명을 가진 인도는 2003년 이후 수년간 국내총생산(GDP) 연평균 9%대의 지속적인 성장률을 기록하였다(정성춘 2014). 인도는 카스트 제도로 인한 계층 구조 등으로 성장에 걸림돌이 있으나 브릭스(BRICs)에 속하여 일반적으로 중국과 더불어 향후 국제 사업의 무한한 가능성을 내재하고 있는 시장으로 평가된다.

하지만 인도가 가진 경제적 잠재력 이면에는 인구 급증과 급격한 산업화로 인하여 산업 오폐수 및 농업 오수가 강, 호수, 지하 대 층수로 유입되는 심각한 환경 문제가 발생하고 있다. 그럼에도 불구하고 인도 전역 총 3,000여 개 도시 중 8개 도시에만 폐수처리 시설이 구비되어 있고 206개 도시는 부분적인 처리 시설을 보유하고 있으며, 그 외의 도시들에서는 정화 절차가 없이 폐수가 강으로 재유입되는 등 생활용수의 심각한 오염 문제에 직면해 있다. 인도의 하수처리 시설은 전국 기준 보급률 15%, 처리율 2% 수준으로 전체적으로 매우 열악한 상황인 것이다. 테크싸이 리서치(TechSci Research)에 따르면, 실제 인도에서는 80%의 질병이 물과 관련되어 있고 물과 관련된 질병으로 매년 10만 명 이상이 사망하고 있으며, 12억 명 인구 중 오직 15% 정도만이 안전한 식수를 이용하고 있다고 밝히고 있다(『해외투자진출정보포털』 2012/07/31). 급격한 도시화, 산업화로 인해 생활·산업용수 공급의 부족을 낳고 있음에도 불구하고, 인도의 상·하수 기반은 대도시 중심으로만 상수 공급이 집중되어 있을 뿐 그 외 지역에서는 수질이 좋지 않은 지하수 의존율이 62% 수준으로 매우 높다. 이렇게 인도는 만성적인 물 부족과 열악한 상수 기반으로 인해 안전한 음용수에 대한 요구가 전 세계 어느 나라보다 높은 나라이다. 인도의 생활용수는 인구 급증 및 도시화 진전 등으로 심각한 상황에 처해 있다고 할 수 있으며, 이는 향후 수십 년 간 깨끗한 생활용수의 확보가 인도의 가장 절박한 문제 중 하나일 것이라는 예측을 가능하게 한다.

한편 인도는 2015년 이후 경제력 측면에서 중산층과 중상층 계층이 급격히 늘어나면서 제품 구매력 향상이 예상되고 있다. 맥킨지연구소는 인도 국영 국가응용경제연구소(NCAER)의 조사를 활용하여 인도의 인구를 연소득에 따라 상류층, 중상류층, 중류층, 중하류층, 하류층의 5개 계층으로 분류하고 중산층~상류층의 비중이 2005년 5%에서 2025년 43%로 증가할 것으로 예측하였다(박선민, 이은미 2010). 또한 급격한 도시화로 30%에 불과했던 도시 거주 인구가 41%까지 증가하면서 경제력 향상이 예상된다. 이러한 경제력 향상 및 소비 의식의 고취는 의식주 외의 개인 소모 목적의 소비 증가에 크게 영향을 줄 것으로 예상되고 있다. 지출 구조의 변화로 인해 의식주의 경우 2005년 61%에서 2025년 43%로 감소한 것에 반해 개인 사치 소모품은 32%에서 45%로 증가하며, 더불어 건강관리 관련 지출도 7%에서 12%로 증가할 것으로 전망된다(LG전자 2010, Gfk Data 2012).

이와 같은 불안정한 수질 및 상·하수 환경과 경제력 향상 등의 사회·경제적 변화는 인도의 정수기시장 성장의 배경이 되고 있다. 인도는 식수가 부족할 뿐 아니라 질병의 80%가 물과 관련되어 있으며 전체 인구 중 오직 15%정도만이 안전한 식수를 이용하고 있어 대부분의 사람들이 비위생적 환경에 처해 있으며,

상수시설 오염으로 비소량과 수돗물 속의 불순물이 증가하고 있다. 반면 경제 성장으로 생활수준과 보건 의식이 향상되고 있어 저가형 정수기 제품 보급이 크게 늘고 있다. 더불어 인도 중상류층의 물 위생에 대한 인식이 개선되면서 인도 정수기 산업은 연평균 25% 이상의 성장률을 기록하는 등 정수기 사용 수요가 증가하고 있다(『해외투자진출정보포털』 2012/07/31).

3.1.2 인도의 시장환경

인도의 가정용 정수기시장은 2013년 조직부문 시장(Organized market)4) 기준 연간 4.7억 불, 수량 420만 대 규모로 추정된다. 이처럼 정수기 사용 수요가 증가하고 있으나 성장세에 비해 보급률은 2012년 기준 4.8% 수준에 불과하여 향후 보급률이 확대될 가능성이 크다. 또한 지역별 보급률의 편차가 있어 델리(Delhi)가 25%로 가장 높고, 구자라트(Gujarat) 주, 타밀나두(Tamil Nadu) 주, 펀잡(Punjab) 주, 카르나타카(Karnataka) 주 등은 5% 미만이며 비하르(Bihar) 주는 0.42%로 가장 낮은 수준이다.

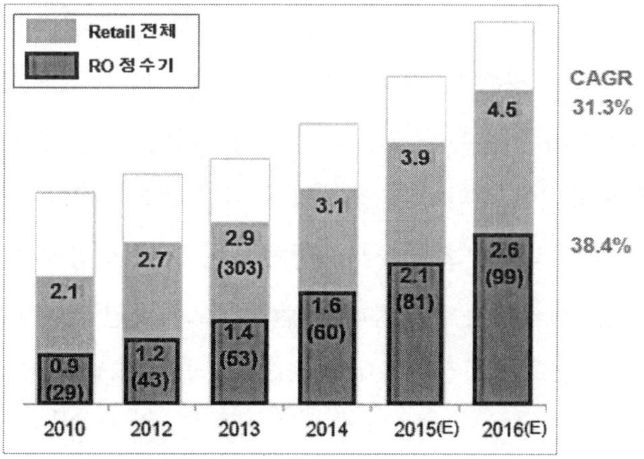

자료: LG전자 (2015)

❙그림 11❙ 인도 정수기시장규모(단위: 억$, 만대)

---

4) 인도에서는 지하경제에 포함되지 않는 정규사업자들에 의한 시장을 Organized market이라고 함

인도 정수기시장은 시장점유율 약 79%를 차지하는 유레카 포브스(Eureka Forbes), 켄트(KENT), 힌두스탄 유니레버(Hindustan Unilever)의 지역 기반 3강 체제에 그 외 군소 업체가 존재하는 경쟁 환경을 보이고 있다(AC Nielsen Data 2009/11, Techsci Research 2013).

유레카 포브스는 2013년 기준 인도 정수기시장 점유율 39%의 1위 업체이다. 인도 정수기시장의 선구자로 전국 7천여 명의 방문판매 연결망을 기반으로 정수기, 청소기 등 인도 소비자들에게는 기존에 생소했던 새로운 제품 범주를 시장에 소개하여 큰 성공을 거두었다. 유레카 포브스는 정수기 전체 범주에 가장 다양한 제품 범위를 구성하고 있으며 제품의 개발력, 실질 품질 부분에서 3사 중 가장 뛰어난 역량을 가진 업체로 평가되고 있다. 그러나 2000년대 중반 이후 소매점 경로 판매를 중심으로 한 켄트의 역삼투압 필터 방식 정수기, 힌두스탄 유니레버의 부직포 방식 오프라인 정수기의 약진으로 인해 자외선살균램프(UV) 제품군의 판매 비중이 계속 하락하면서 기존의 강점이었던 대규모 방문판매 연결망이 오히려 사업의 부담으로 대두되고 있으며 이로 인해 사업 수익성이 크게 악화되고 있는 상황이다. 2013년 영업이익은 0%로 추정되고 있다.

켄트는 역삼투압 필터 방식의 정수기를 인도 시장에 알리는데 가장 큰 기여를 한 역삼투압 필터 방식 정수기의 강자로 전체 시장 점유율 22%로 2위이나 소매점 판매 경로 부문에서는 점유율 41%로 1위 업체이다. 높은 수익성을 바탕으로 매출액의 10%를 광고비에 투자하는 공격적인 시장 관리 전략을 지속적으로 구사하면서 역삼투압 필터 전문 업체로서의 정체성 구축에 성공하여 시장의 인지도를 구축하고 있다. 최근에는 자외선살균램프, 오프라인 정수기, 야채 세척기(Vegitable purifier), 공기청정기(Air purifier), 연수기(Water softener) 등 제품 범위 다각화를 추진하고 있다. 그러나 역삼투압 필터 정수기 사업에 치중한 사업으로 단기간에 급성장하여 제조 역량이 떨어지며, 공격적인 시장 관리의 이면에는 본질적으로 도덕적 문제가 있다는 평가가 상존하고 있다. 실례로 미네랄을 첨가하여 물맛을 좋게 한다며 켄트 고유의 강점으로 소구하고 있는 TDS[5)]

Controller는 실제로는 원수 품질에 따른 위험성이 크다. 세균, 곰팡이 등 0.01 ㎛ 이상의 물질의 여과는 가능하나 이온성 물질인 중금속, 석회 등의 여과 기능은 취약한 것이다. 즉 저비용의 제품을 대규모 광고 투입을 통해 비싼 가격에 팔고 남은 수익의 일정 부분을 광고에 반복 투자하는 방식으로 도덕성에 있어 비판을 받고 있다.

힌두스탄 유니레버는 미국 유니레버가 67%의 지분을 소유한 합작 투자(Joint venture) 회사로 처음에는 주력 사업인 생활용품의 소매 판매 경로에 대한 장악력을 바탕으로 단순 오프라인 방식의 정수기 판매를 시작하여 예상외의 대성공을 거두었다. 2000년 후반부터 역삼투압 필터 정수기시장으로 제품 범위를 확장하여 시장점유율 18%로 3위, 오프라인 방식 정수기시장에서는 점유율 50%로 1위 업체가 되었다. 힌두스탄 유니레버는 자금력, 조직력, 경로 장악력에는 강점이 있으나 역삼투압 필터 방식에서는 아직 제품 경쟁력에 한계가 있다는 평가를 받고 있다(AC Nielsen Data 2009/11, Techsci Research 2013).

유레카 포브스, 켄트, 힌두스탄 유니레버와 같은 지역 기반 업체의 경우 제품·필터의 현지화 생산을 통해 경쟁력을 확보하고 있으며, 소매점 중심의 판매 방식과 직영 서비스센터 또는 공인된 서비스 센터를 통한 유지관리로 높은 시장 지배력을 확보하고 있다. 그러나 이들 지역 업체들의 제품은 더운 기후에도 스테인리스(stainless)가 아닌 플라스틱으로 만들어지고 있고, 뚜껑이 잘 닫히지 않아 개미 등 벌레가 침투하거나 이물질이 들어갈 수 있는 조악한 수준이며, 판매 후 관리 서비스에 대한 정확한 단계가 갖춰져 있지 않다. 즉 제품 자체의 수준이 높지 않을뿐더러 사후관리 단계보다는 판매 자체에 치중하고 있는 것이다. 특히 고객이 원할 경우에만 필터를 교체해주고 있었고, 고객이 원하지 않으면 방문도 하지 않았다. 그러나 정수기 제품에 대한 인도 소비자의 눈높이는 점차 높아지고 있어 독일 제품이 2006년 기준 3,400만 불에서 2013년 8,800만 불로 증가하는 등 고가 제품의 수입이 증가하고 있으며, 한국 제품의 비중도 2006년 1,300만

---

5) Total Dissolved Solids의 준말로 물 속에 녹아있는 미네랄성분 등의 총용존고형물을 말함

불에서 2013년 1,500만 불로 증가 추세에 있다. 반면 저가의 중국산 제품의 비중은 지속적으로 감소하여 현재 시장에서 거의 찾아보기 힘들 정도로 퇴출된 상황이다. 특히 한국 제품은 세계적 수준의 품질을 인정받고 있으며, 인도 소비자 대상 설문 조사에서도 한국산 정수기 품질의 우수성을 인정받아 시장 수요가 조금씩 증가하고 있다(Mckinsey Global Institute 2005).

이와 같은 인도 시장의 경쟁 환경은 정수기 제품의 속성을 품질과 유지관리 서비스로 인식하고 있던 LG전자 입장에서는 기회 요인이 되었다. LG전자는 스테인리스 제품으로 위생을 강조하는 한편 필터 교체 서비스와 살균 서비스를 엮은 묶음 전략으로 정수기 제품 내부에 대한 관리 서비스를 만들었다. 더불어 살균 서비스에 대한 소비자 인식을 위하여 정수기 제품의 물이 흘러가는 곳은 반드시 살균을 해야 한다는 홍보와 계몽 운동을 하면서 관리 서비스를 필터 교체 비용과 묶어 유료화하였다.

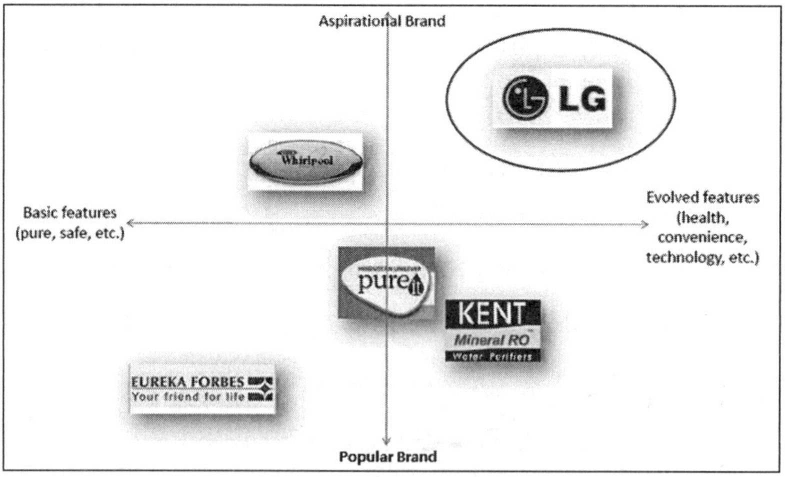

자료 : LG전자 (2012)

▌그림 12▐ 인도 정수기시장의 경쟁구도

한편 인도 정수기시장의 Organized market 유통 구조는 2013년 기준 소매점 74%, 방문판매 26%로 추정되고 있다. 2000년 중반까지는 1위 업체인 유레카 포브스의 방문판매를 중심으로 시장이 확대되었으나 2000년대 중반 역삼투압 필터 방식 중심의 켄트, 오프라인 방식 중심의 힌두스탄 유니레버가 소매점 판매 경로 위주로 시장에 진입하면서 유통 구조가 급격히 변동하였다. 실제 2008년 방문판매와 소매점이 80%:20%의 구조에서 2013년 26%:74%로 바뀌는 상당한 변화가 있었다. 이러한 변화 속에서 유레카 포브스는 소매점 사확대에 따라 기존 방판 조직을 축소하여 2013년 기준 소매점 45%, 방판 45%, 온라인 10%의 유통 구조를 보이고 있으며, 켄트의 경우 소매점 88%, 방판 10%, 온라인 2% 수준으로 지속적으로 방문판매는 축소하고 소매점을 확대하고 있다. 기존 해외 업체 및 2013년에 신규 진입한 해외 업체 역시 소매점에 국한하여 사업을 전개 중이다. 소매점 판매 경로 구조를 보다 세분화해 보면 가전 전문 매장이 약 60%, 주방 실내 장식 매장(Utensil shop) 20%, Pharmacy & Cosmetic shop[6] 등 기타 20%로 추정되며 가전 전문 매장은 역삼투압 필터 방식의 주요 브랜드 중심으로 비중을 확대해 나가고 있고, 주방 실내 장식 매장은 중저가 정수기 중심, 기타 경로는 오프라인 방식 중심으로 판매하고 있다. 한국을 포함하여 일부 국가의 정수기 사업이 제품 대여를 기반으로 판매 후 사후 필터 관리, 청소 등의 유지관리를 업체에서 일괄 관리해주면서 매월 일정액을 납부하는 구조로 시장이 확대되었던 사례와 달리, 인도의 경우에는 높은 이자율 및 환율 불안정성, 금융 체계 취약, 제조사가 직접 금융 사업에 진입할 수 없는 법적 제한 등으로 인해 대여 사업은 현재 존재하지 않고 있다. 또한 제품 판매 후에 별도의 유지관리 계약을 체결하거나 필터를 단품으로 판매하고 있으며, 문제 발생 시 소비자가 서비스센터에 연락을 하면 교체해 주는 등으로 유지관리가 운영되고 있어 정수기의 사후 관리 문제는 소비자의 주요 불편 사항으로 대두되고 있다. 이와 같이 소매점 판매 경로 중심의 유통 구조 변화와 사후 유지관리에 대한 소비자 불편이 발생하는

---

6) 인도에서 비상약과 화장품류를 주로 취급하는 매장

상황은 이미 인도 시장에 자체 고유 직영 판매점과 직영 서비스센터의 기반을 갖추고 있던 LG전자에게는 반가운 일이었다(Techsci Research 2013).

또한 인도의 정수기 제품에는 인도의 사회·문화적인 환경이 반영되고 있다는 특징이 있다. 인도에서는 전체 가정의 약 87%가 1일 2회 이하로 상수도를 공급받고 있는데, 이런 이유로 약 90%의 가정에서 물 보관 통을 보유하고 있다. 이는 가정용 정수기에 대한 소비자의 관심을 촉발하는데 영향을 미치는 한편, 저장 수조가 있는 정수기의 선호도가 높게 나타나는 원인이 되고 있다. 인도에서는 정전이 빈번히 발생되고 있어 기계식 정수기가 선호되고 있고, 정수기의 주요 설치 공간인 주방 구조가 한국과 상이한 구조로 되어 있어 제품 형태가 설치 공간에 맞게 '벽걸이형'으로 특화되어 있는 것도 특이한 사항이라고 할 수 있다.

이러한 인도 정수기시장의 특성과 더불어 시장의 확대는 더욱 가속화될 것으로 예측되고 있다. 실제 델리, 뭄바이(Mumbai), 첸나이(Chennai) 지역의 878명 소비자의 음용 형태 조사에서 수돗물 음용은 28%에 불과하나 끓인 물 41%, 정수기 18%, 생수 13%로 나타났다. 이는 현재 정수기를 사용 중인 고객뿐 아니라 끓인 물과 생수 사용자가 1차적인 목표 고객이 될 수 있다는 것을 의미한다. 실제 현재 수돗물에 대한 신뢰성이 낮아 다른 음용 형태를 보이는 사람들은 정수기 사용에 대해 건강, 물 맛, 안전 등의 다양한 요구를 가지고 있는 것으로 분석되고 있다. 인도 소비자들에게 수질오염과 수인성 질환의 심각성에 대한 인식이 확산될수록 깨끗한 물에 대한 수요가 발생하고, 이는 깨끗한 생활용수를 확보하고자 하는 욕구를 불러일으켜 정수기 구매로 이어질 수 있는 기회 요인이 발생하는 것이다.

결론적으로 인도 시장은 안전한 식수 접근이 어렵고 오염된 식수 이용으로 인한 질병이 만연되고 있어 건강 안전을 위해 정수된 식수에 대한 인식이 높아짐에 따라 다양한 가격대의 정수기 공급 폭이 확대되고 있는 도입기 시장이라고 할 수 있다. 고객의 구매 결정요인은 정수기 필터 등 연관된 부품 공급의 용이성 및 사후관리 여부, 가격 등이며, 유럽, 미국, 일본 등의 우수한 품질의 제품에 대한 선호도가 높다. 이에 비하여 지역 선발업체들의 제품 품질과 유지관리 서비스 수준은 높지 않은 상황이다. LG전자에게 인도는 4억 불 규모의 현재 시장 수요와 전체 시장규모를 고려했을 때 향후 폭발적인 성장 가능성을 보유한 시장일 뿐 아니라 경쟁 업체 및 소비자 환경에서도 경쟁 우위를 가질 수 있는 매력도가 존재하는 시장이었던 것이다.

3.2 LG전자의 핵심 역량

3.2.1 인적·물적 자원의 활용

LG전자는 사실 국내 업체 중 가장 먼저 정수기 제품 개발을 시도한 바 있다. 국내 시장의 선발기업인 코웨이가 설립된 1989년보다 2년이나 앞선 1987년 정수기 제품을 출시하였던 것이다. 그러나 당시에는 국내에 시장이 형성되기 전으로 시장의 수요가 미미하여 추진 동기가 지속되지 못하였고 1991년도에 사실상 사업을 접었다. 이후 1995년도에 다시 2차 개발이 기획되었으나 IMF 직전의 상황과 맞물려 선택과 집중이 화두가 되어 상대적으로 큰 크기인 백색가전에 집중하기로 하면서 역시 사업이 진행되지 않았다. 이후 2007년 내수와 국제 시장에서의 치열한 경쟁상황에서 LG전자는 백색가전의 정체를 타개할 신규 고객 또는 신규 제품 및 서비스로의 확장에 대한 체계적 검토가 있었고, 그 결과 정수기시장에 다시 진입하게 되었다. 이와 같이 정수기시장에 대해 수차례 논의와 검토가 있었던 경험에 더불어 LG전자는 정수기 제품의 주요 부품에 대한 핵심 역량을 이미 보유한 강점을 가지고 있었다. 즉 정수기에 필요한 냉동기술 및 주요 부품을 생산하여 국내 정수기 업체에 공급하고 있었던 것이다. 선도업체인 코웨이에서도 LG전자를 통해 압축기(compressor)를 공급받으면서 냉동 주기 기술을 상당 부분 접목 받고 있었고, 국내 모든 정수기 관련 업체가 사용하는 압축기 역시 LG전자에서 생산하는 제품을 상당 부분 이용하고 있었다. LG전자는 여과 기술을 제외하고는 필요한 제품 기술력을 이미 보유하고 있었다고 할 수 있다.

또한 LG전자는 인도 시장에 진출한 지 18여 년이 되면서 현지 법인 판매 및 직영 서비스센터 구축 등의 기반을 보유하고 있다는 점이 매우 유효한 강점 요인으로 작용하였다. LG전자는 1997년 인도에 진출한 이후 인도 내에 전국 1,500개의 직영 판매점과 전국 46개 지점 중 25개에 직영 서비스센터를 보유하고 있고, 가정용 전자기기와 공기 관련 제품군의 시장점유율 40% 전후를 점유하고 있었다.

한편 LG전자 사업본부 내에 인도에서의 신사업을 추진하기 위한 팀이 만들어지면서 사업 추진이 더욱 가속화되었다. 해외시장 진출에 지식과 경험을 가진 각 기능별 전문가로 이루어진 별도의 연구 팀이 구성되었던 것이다. 상품기획, 전략기획, 해외시장 관리, 요수 기술연구소, 수질분석 전문가, 디자인, 제품개발, 현지 법인 등 사업 추진에 필요한 각 부문의 전문가들이 연구 활동을 통해 시장을 분석하고 그 결과에 기반을 두어 인도향[7] 제품을 2년에 걸쳐 개발하였다. 또한 인도 현지에는 LG전자의 가전제품을 판매하는 숙련된 영업 담당 인력들이 있었다. 영업 담당들은 모두 현지 채용으로 선발되어 인도 시장에 대해 잘 알고 있었을 뿐 아니라 기존 LG전자 제품을 판매하면서 LG전자에 대한 충성도를 가지고 있는 인력이었다. LG전자는 이들 영업 담당들을 인도 각 지역으로 나눠 시장 조사부터 제품 기능, 설치 방법, 유지관리 서비스 방법 등을 철저히 교육했다. 더불어 현지 법인 내에 정수기 제품 판매만을 위한 시장 관리 팀을 별도로 만들었다. 별도 팀이 구성되면서 정수기 제품의 중요도는 현지 법인 내에서도 자연스레 부각되었고, 현지 법인장이 직접 보고를 받고 지시하면서 적극적으로 사업을 챙기게 되었다.

3.2.2 국제화 경험

LG전자가 인도 시장에 정수기 제품을 가장 먼저 출시한 중요한 이유 중 하나는 바로 인도 시장에 대한 경험이었다. 1997년 인도에 첫 진출한 이후 LG전자는

7) LG전자 H&A 사업본부에서 시장을 특정하여 인도를 목표로 한 정수기 제품을 의미함.

무려 18여 년 동안 인도 시장에서 다양한 시장 경험을 쌓아왔고, 이는 정수기시장 진출을 위한 가장 큰 자산이라고 해도 과언이 아니었다. 사실 LG전자의 인도 현지 진출은 현지에서도 인정하는 성공 사례로 손꼽히고 있으며, 학계에서도 연구 대상이 되고 있다.

배일현과 주용준(2013)에 따르면 LG전자가 실행한 인도 시장 진출 전략방향은 법인장의 주관하에 과감한 투자와 자사 유통망 확보, 현채인에 의한 현지화 경영으로 요약된다. 첫째, LG전자는 합작 투자 방식이 아닌 과감한 투자에 기반을 둔 현지 법인 설립 방식으로 진출하였다. 1997년 대규모 투자계획을 가지고 인도 푸네(Pune) 지역에 합작 투자가 아닌 단독으로 진출하였던 것이다. 이후 LG전자는 델리 근처 노이다(NOIDA) 지역에 공장을 건설하여 TV·냉장고 등 주요 가전제품을 생산하고 있으며, 푸네 지역에도 공장을 건설하여 핸드폰을 생산하고 있다. 또한 현지 시장과 고객 수요에 적합한 제품을 개발하기 위하여 직영 R&D(Research & Development) 센터를 설립하고, 생산시설 등의 대규모 투자와 협력업체 동반진출을 통한 부품 현지생산 등을 통하여 현지 제품 개발 및 생산 전략을 추진하였다. 이는 부품의 현지 조달 범위를 확대하여 원가를 절감하는 한편 현지 고객의 수요에 맞는 제품을 출시하고자 하는 전략으로 LG전자가 인도 시장에서 고도의 성장을 이루는 원동력이 되고 있다. 현지에 생산 거점을 확보하기 위하여 전사적인 차원에서 집중적인 투자를 했던 것이 성과 창출에 유효한 결과를 낳았던 것이다. 이는 김효율과 이찬근(1995)이 현지화 전략의 개념을 현지 시장에 적합한 제품을 생산하여 판매하는 것에 기반을 두어 설명한 것과 일치한다.

둘째, 유통망 확보와 관련하여 LG전자는 인도 시장에 진입한 이후 적극적인 유통망 구축에 나섰다. 이를 위해 전국적 직영 판매망인 고유 직영 판매점을 오픈해 나가는 한편, 현지 유통 경로를 적극 활용함으로써 인도의 지방까지 인도 전역에 제품 공급 및 서비스가 가능하도록 하였다. 이러한 유통망 구축과 지방 곳곳에 발로 찾아다니는 공격적인 시장 관리 전략을 구사하여 브랜드 인지도를 제고하였다. LG전자는 인도 내 지점 46개, 지역 사무실 124개, 딜러는 3,200개, 간접 딜러 8,700개의 판매망과 더불어 전국 2,700개의 서비스 망을 구축하여 유통망에 있어 타사 대비 월등한 경쟁 우위를 점하고 있다.

셋째, 인도 고객에 맞는 제품 디자인 채택과 현지 생산, 인도인 중심의 조직구성 및 업무 책임자 현채인화 등 현지화 경영을 철저히 추진하였다. 실제 LG전자의 해외 진출에서의 성과는 지속적인 현지화 전략을 추진하는 것에 기인한다는 평을 받고 있다. 예컨대 냉장고 개발 시 인도에서는 더운 날씨에 전력 불안으로 장시간 정전을 겪는 일이 자주 발생한다는 점을 고려하여 전원이 끊겨도 최장 7시간 동안 냉기를 유지할 수 있도록 설계하는 등 현지에 설립한 연구개발센터를 통해 인도의 환경과 시장 상황을 반영한 제품 현지화를 추진하였다. 채식주의자 인도인들을 위해 크기와 부피를 줄인 작은 냉장고, 지역별 현지어나 힌디어로 사용법이 입력된 세탁기 등 현지 맞춤형 상품을 지속적으로 출시하는 것은 이러한 LG전자의 현지화 노력을 대변해 준다. 또한 LG전자 현지 법인의 직원 대부분이 현지인이며, 그들에게 과감하게 권한을 이양하여 주인의식을 가지고 관리하게 하는 경영 현지화를 이루고 있다.

한편 서민교와 김희준(2014)에 따르면 LG전자는 적극적인 사회적 책임 활동을 통하여 지역 사회와 공존하기 위하여 노력한다는 평가를 받고 있다. 특히 열악한 의료여건 등 현지의 사회·문화적인 환경을 고려한 활동을 기획하여 주민들에게 실질적인 도움을 줄 수 있도록 하고 있다. 예를 들어, 진료소 설립과 의료 서비스 제공뿐 아니라 협력회사에 소방과 응급처치 교육 제공, 지역 주민들을 위한 건강관리 센터 운영, 미개발지역 주민들을 위한 계몽 운동 등을 실시하고 있다. 기업 입장에서의 단순한 인지도 제고를 목적으로 하는 활동이 아니라 현지 상황에 맞춰 실효성 있는 사회 공헌 활동을 하겠다는 인식이다.

LG전자는 2013년 기준으로 일반 컬러 TV의 시장과 백색가전인 냉장고, 에어컨, 전자레인지, 세탁기 등에서 인도 시장점유율 1위를 차지하고 있으며, 인도 법인을 거점으로 하여 유럽, 중동 및 중앙아시아 지역으로 국제 다각화를 추진하고 있다. 1997년 불과 3,000만 달러 자본금을 투입해 설립한 LG전자 현지 법인은 현재 수년째 인도 가전제품 1위를 기록하고 있는 것이다. LG전자는 인도 소비자에게 친숙하면서도 고급스러운 이미지로 가장 선호하는 디지털 전자 기반으로 인식되고 있으며 매년 20-30%의 성장을 달성하고 있다. 이러한 LG전자가 인도 시장에 대하여 축적해 둔 사전 경험은 정수기 제품의 출시에 대한 자신감을 가지게 하였고 인도 정수기시장의 잠재력과 더불어 밝은 전망을 가능하게 하였다. 인도 현지 법인의 시장 관리 총괄 임원인 버먼(Dr. Burman)은 LG전자 정수기 제품에 대하여 다음과 같은 전망을 내놓기도 하였다.

> "인도에서 정수기 사업을 하기에는 많은 난관이 있지만 근본적으로 인도인들에게 물은 가장 소중한 가치이며, 깨끗한 물에 대한 고객 요구는 아주 간절합니다. 우리 LG전자는 브랜드 파워가 강하고 고객 신뢰도 또한 매우 높기 때문에 인도에 적합한 제품력을 갖춘다면 우리 직영 판매점을 중심으로 빨리 자리를 잡을 수 있을 것으로 확신합니다. 다만, 현재는 너무 높은 가격이 문제이므로 합리적인 가격경쟁력만 갖춘다면 연간 1백만 대 판매도 가능하다고 봅니다."

3.2.3 사업 리더의 의지

LG전자는 장밋빛 전망과 함께 의욕적으로 인도 시장에 진입을 하였다. 제품 기술력에서도 지역 경쟁사보다 우위에 있다고 평가하였고 인도 시장에 대한 사전 경험과 가능성이 큰 시장 전망은 밝은 미래를 보여주는 듯했다. 하지만 막상 시장에 진입한 LG전자는 생각지도 못한 쓴잔을 마시게 되었다. 2009년 인도 시장에 처음 정수기 제품을 출시하여 시장 판매를 추진한 결과, 한 달 50여 개의 초라한 실적을 손에 쥐게 된 것이다. 지역 제품에 비해 상대적으로 고가인 가격 탓이라고는 해도 이러한 판매 부진은 LG전자 내에 인도 시장 진출에 대한 회의론을 야기했다. LG전자 내부에서는 아무리 제품 기술이 좋더라도 현지 시장에는 적합하지 않은 것 아니냐 하는 우려가 제기되었고, 사업 추진에 대한 조심스러운 반대 의견도 나오기 시작하였다.

LG전자의 분석 결과 판매 부진의 원인은 판매와 유지관리 서비스 기반이 이미 구축되어 있다는 자신감에 한국 제품을 그대로 가져가서 판매하였기 때문인 것으로 판명되었다. 한국 제품은 기술력은 우수하였으나 벽걸이가 되지 않는 등 인도 가정의 좁은 주방 환경에 맞지 않았다. 또한 정수기를 벽에 걸게 되면 유지관리 서비스를 위해 필터를 앞에서 분리해야 하는데 한국 제품은 뒤에서 분리하도록 되어 있는 점도 적합하지 않았다. 더불어 냉수를 거의 마시지 않는 인도 사람들에게 한국에서는 당연한 인식으로 자리 잡혀 있는 냉수와 온수가 가능한 정수기 제품은 거부감이 있었다. 이와 같이 시장에 적합하지 않은 특성은 고사양으로 인한 고가격과 더불어 판매 부진의 직접적인 원인이 되었다. 금융부담 등으로 새로운 제품 개발 계획을 가지지 않았던 LG전자는 사업 추진에 대한 좌절감에 빠져들고 말았다. 이러한 상황에서 당시 사업본부장이었던 이영하 전(前) 사장의 결정은 다음과 같았다.

> "인도 시장의 가능성은 분명히 존재합니다. 정수기는 고객의 가정에 LG전자 가전제품이 확산될 수 있도록 하는 중요한 제품입니다. 반드시 성공시켜야 합니다. 돈이 얼마가 들더라도 인도 현지에 맞는 제품을 다시 개발하겠습니다."

단호한 이영하 전(前)사장의 결정에 탄력을 받아 만들어진 제품이 바로 인도 적합형인 인도향 제품이었다. 이를 위해 시장 관리 비용과 금형 제작에 각각 백만 불 이상의 금융 투자가 과감하게 투입되었고, 이렇게 개발된 인도향 정수기는 인도 시장에서 성과 창출의 기반이 되었다.

이처럼 인도 시장 진출과 추진에는 리더의 강력한 의지가 무엇보다도 큰 영향력을 미쳤다. 당시 정수기 사업을 추진했던 이영하 전 사장과 신사업담당 상무는 정수기 사업을 단순히 하나의 제품을 신규로 출시하는 의미를 넘어 고객 가정 내 주방 장악 과제라고 인식하였다. 즉 그저 제품 하나를 판매하는 의미가 아니라 정수기는 고객의 거실과 주방공간에 필요한 제품 판매를 연결해주는 전도사(evangelist)라는 것이다. 사실 처음에는 이러한 인식에 모두가 동의하지는 않았다. 심지어 최고 의사결정 논의에서는 정수기를 중소기업 제품으로 인식하여 LG 전자에서 왜 추진하느냐는 반대 의견이 지배적이었다. 그러나 정수기 제품의 가치를 적극적으로 천명하고 나선 사업본부 리더에 의해 설득된 후 50억 원의 자금 투입이 결정되기도 하였다.

또한 이영하 전 사장은 정수기 사업을 국내에서 처음 출시했을 때부터 이를 국제 사업으로 추진하여 국내와 해외 동시 출시를 염두에 두고 준비하라고 지시하였다. 당시 이영하 전 사장은 다음과 같이 말하곤 하였다.

> "한국에서는 정수기 사업 본질에 대한 이해와 경험을 신속하게 학습하고 동시에 해외시장 진출을 가속화하세요. 그리고 국가마다 지역 특성에 따라 현지 적합형으로 제품을 신속히 바꿀 수 있도록 단위(module)화하는 전략을 추진합시다."

사업 추진 시 리더는 국제 진출과 제품 현지화 전략을 기본적으로 염두에 두고 있었고, 이러한 의지는 LG전자가 판매 부진으로 인한 좌절과 위기의 상황에서 신속하게 이를 타개하는 결정적인 동기가 되었던 것이다.

3.2.4 제품 경쟁 우위

정수기 사업은 기존 가전업체들의 전통적인 판매 방식인 단품 판매에 의존한 사업구조와 달리 판매 수량이 쌓일수록 필터 교체, 제품 살균 유지관리 서비스 등을 통한 지속적인 수익창출이 가능한 사업이다. 또한 고객과의 정기적인 만남을 통해 각종 고객관계관리(CRM) 활동과 쉽게 연계할 수 있는 사업적 매력을 가지고 있어 LG전자 최고 경영진에서 높은 관심을 가지고 사업 성공을 위한 지원을 하고 있는 차세대 전략 육성 사업으로 자리 잡고 있다.

이를 바탕으로 초기 한국 시장에서는 위생을 강조한 스테인리스 저수조 적용과 자체 개발한 살균 구성단위(unit)로 내부를 살균하는 유지관리 서비스로 제품 및 서비스 차별화를 하였으며, 동시에 신속한 사업 안정화 및 확산을 위해 해외 시장에서의 정수기 사업 가능성을 타진하였다.

LG전자는 수질의 안전성 등에 최우선 가치를 두어 역삼투압 필터 방식 제품에 역량을 집중하기로 하였고, 오프라인 혹은 자외선살균램프로의 사업 확대는 고려하지 않았다. 특히 시장 조사 결과의 교훈을 통해 한국과의 사회문화적 차이를 고려하여 한국 모델과 다른 인도 전용 모델을 별도로 개발하였다. 인도 적합형 제품을 개발하기 위하여 시장 조사를 거의 2년간 시행하였고, 특히 수질과 상하수도, 설치 환경을 분석하였다. 이를 통하여 인도 수질의 열악함 뿐 아니라 지역마다 석회질 성분도 다르고 칼슘, 마그네슘 등의 포함 성분이 다르다는 것을 알아냈다. 특히 첸나이 지역 같은 경우 수질이 매우 좋지 않았다. LG전자는 정수기 기능을 제일 수질이 좋지 않은 지역 상황에 맞춰서 개발하였다. 이러한 노력 결과, 인도 시장 공략을 위하여 인도 현지의 수질에 적합한 정수 성능을 갖춘 정수기 신제품을 출시하였다. 인도 전용 모델에는 현지 시장을 고려하여 다음과 같은 3가지 관점에서 기능이 고려되었다.

첫째, 상수원 수질이 특히 좋지 않아 식수난을 겪고 있는 인도 현지 사정을 고려해 안전성과 살균 기능을 강화하였다. 신제품에는 역삼투압 필터를 탑재해 촘촘한 필름막으로 머리카락의 100만 분의 1 크기인 0.0001마이크로미터(㎛)의 이물질까지 걸러낼 수 있을뿐더러, 5단계의 필터 체계를 적용해 박테리아 바이러스, 중금속, 냄새 등을 없애주는 기능이 개발되어 적용되었다. 이는 인도 시장의 지역 업체들은 수질이 좋지 않은 상황에서도 안전성이 미흡한 중공사막 필터와 부직포 필터를 사용하는 것에 비해, LG전자는 안전성을 우선하여 무조건 역삼투압 필터 방식으로 개발한다는 방향에 의한 것이다. 특히 지하수를 음용하는 지역은 중공사막 필터로 물을 거르게 되면 중금속을 걸러주지 못하여 치명적일 수 있다. 이러한 음용수에 대한 안전성을 최우선으로 제품 개발에 반영하였고, 음용수에는 역삼투압 방식 필터를 적용하되 설거지나 과일이나 야채 세척 시에 사용하도록 중공사막 필터를 추가 적용한 2in1 제품도 개발하였다. 한편 물이 항상 담겨있는 수조 내 세균 번식이 쉬워 수인성 질병 발생률이 높은 인도 소비자의 상황을 반영하여 국내에서도 많은 호응을 받고 있는 스테인리스 수조를 적용해 물때 및 박테리아 등의 번식을 최소화했다. 이 외에도 6시간마다 30분씩 저수조의 물을 자외선살균램프로 살균하여 세균 번식을 막아주는 순환 살균 기능을 적용했다.

둘째, 인도의 상하수도 공급 환경은 지역마다 큰 편차가 존재하였다. 즉 물이 일주일에 한번 나오는 지역도 있고 어떤 지역은 일주일에 두 번, 또는 하루 한 번 나오는 지역도 있었다. 이로 인해 인도의 가정에서는 한번 물을 받을 때 많이 받곤 한다. 이러한 이유로 LG전자는 저수조 용량을 한국 제품의 세 배 크기로 개발하였다.

셋째, 정수기 제품의 설치환경에도 주목하였는데, 인도 가정의 주방은 대부분 작은 편이었다. 이로 인해 인도의 정수기는 벽걸이 방식으로 판매되고 있었고 LG전자 역시 한국 제품과는 다르게 벽걸이가 가능하도록 얇고 길게 개발하게 되었다. 또한 인도는 부족한 전력 문제로 정전이 잦은 지역이 많았는데, 이로 인해 전자식 제품을 만들면 정전이 되었을 경우 가동이 되지 않는 상황이 발생하게 되었다. 한국의 경우 거의 100% 전자식 정수기를 사용하지만 이러한 이유로 인도 제품은 기계식으로 개발하였다.

제품 자체에 강화된 기능 차별화 외에도 LG전자는 이미 인도 시장 내에 구축해 둔 직영 서비스센터를 적극적으로 활용하는 전략을 세웠다. 즉 구입 후 1년 동안은 관리 전문가가 4개월에 1번 고객 집을 방문해 배관 등 물이 닿는 곳을 전기 분해 살균하는 '케어 서비스(Care Service)'를 무상으로 제공한 것이다. 고객이 원하면 케어 서비스를 연장할 수도 있다.

인도 시장의 기존 주요 업체들의 정수기가 원가 절감을 위해 별도의 수조 개념도 없이 외관 사출 시의 남는 공간을 정수조로 사용하도록 설계되어 있고 정수조의 밀봉 개념 또한 거의 존재하지 않는 것에 비해, LG전자가 물과 관련된 인도 소비자의 잠재된 필요성을 파악하여 이를 효과적으로 대응할 수 있는 전용 모델을 개발한 점은 제품 자체가 가지는 경쟁 우위 요인이 되었다.

제4절 LG전자의 인도시장 진입전략

차별화 전략에는 고객 수요에 대해 근접성을 유지하면서 경쟁자 분석 활동을 통해 높은 전문화와 차별화에 기반을 둔 제품개발과 시장 관리가 필요하다(Ward et al. 1996). 이를 통하여 차별화 전략 활용 기업은 높은 가격을 요구할 수 있게 된다. 인도 시장에 진출한 이후 LG전자는 효과적으로 시장에 진입하기 위하여 가전 시장에서 구축하고 있었던 고급스러운 이미지를 연장하여 정수기 제품 시장에서의 타 경쟁사 대비 고급 시장 진입 전략을 추진하였고, 시장 진입 후 지속적인 경쟁 우위의 동력을 확보하기 위하여 기존에 추진해 오던 현지화 전략과 연계하고 있다.

4.1 시장에서의 고급 지위를 위한 차별화 전략

기존 인도 정수기시장을 선점하고 있는 지역의 주요 업체 제품과 차별화하기 위해 후발주자인 LG전자는 시장 위치를 결정하고자 했다. LG전자는 기존 인도 백색가전 시장에서 구축해 왔던 고급 이미지를 정수기에도 적용하기로 하였다. 이는 인도 지역 업체들의 제품과 대비하여 스테인리스 수조를 인도향 전 모델에 적용하고 외부 이물질 침투로 인한 2차 오염을 방지하도록 정수조 실리콘 밀봉을 적용하는 등의 제품 경쟁 우위가 고급 제품으로서의 확실한 차별화 요소가 되었다. 또한 고급 이미지 구축을 위해 냉온수가 가능한 기술적 소구 개념으로 최고가인 한국향 온랭(Hot & Cold) 모델을 병행 배열하기로 했다.

정수기 사업의 또 다른 중요 요소인 유지관리 서비스에서도 고급 시장 점유 전략을 통한 차별화 요인을 확보하기 위해 한국 시장에서 사용 중인 전기분해 자동 살균 장치를 이용한 살균 기술을 인도 시장에도 동일하게 적용하였다. 정수기 청소나 살균 시 약품 투입 후 사람이 직접 손으로 청소하는 일반 업체들과 달리 자동 살균 장치는 물을 전기 분해하여 차염소산이란 살균수를 생성한 후 이를 펌프를 통해 정수기에 투입하여 자동으로 제품을 청소하고 살균하는 기계이다. 이와 같은 초기 고급 인지도 구축 및 품질 안정화 등을 통한 차별화 전략을 위하여 LG전자는 당분간 정수기 제품을 전량 한국에서 생산하여 수출하는 방식을 취하고 있다. 반면 기존 업체는 원가 우위 전략을 위하여 주요 부품을 수입 후에 현지 조립하여 생산하는 구조를 사용하고 있다.

고급 시장에 위치하기 위한 전략의 맥락에서 LG전자는 기존 경쟁사의 유사한 수준 모델에 대비하여 의도적으로 약 50% 높은 22,000루피(rupee)부터 제품 가격을 시작하여 다음 단계 제품은 24,000루피, 고급 제품 28,000루피, 온랭 제품은 43,000루피로 가격을 결정하였다. 이와 같이 일반 시장에서 많이 벗어나 고급 시장에 위치하는 전략을 결정하게 된 요인으로는 고사양으로 인한 원가 상승 뿐 아니라 LG전자 정수기의 고급 이미지 구축, 차별화 강조점에 대한 높은 가격을 제대로 받기 위한 결정이었다. 이러한 높은 가격에도 불구하고 LG전자는 스테인리스 정수조, 실리콘 밀봉, 한국산(Made in Korea) 등 타사 대비 뛰어난 품질 구현을 통해 충분히 비싼 이유를 시장에 소구할 수 있었다.

고급 시장 점유 전략에 대한 결정 후 LG전자는 시장 관리 전략 측면에서 기존 지역 업체가 가지고 있지 못한 차별화 요소에 대한 집중적인 소구를 통해 인도 최고의 고급 정수기 이미지를 신속히 구축하는 것을 목표로 하였다. 이를 위해 "인도 최초로 정수 기능뿐만이 아닌 사후의 위생적인 정수 보관 및 유지관리 서비스를 해 주는 유일한 정수기"라는 제품 정체성을 소비자 소통(communication)의 주요 내용으로 내세우고 신뢰의 근거로 인도 최초의 스테인리스 정수조, 실리콘 밀봉 위생 정수조, 전기분해 살균 서비스 3가지를 주요 고유 판매 제안(Unique Selling Point)으로 삼았다. 고유 판매 제안을 위해 유통 경로 확대 기간 동안은 정수조 비교 시범 장치, 전용 진열 선반 및 구매시점광고(point of purchase), 판매사를 통한 제품차별화 설명 등의 매장 내(In-store) 활동에 역량을 집중하고 1차 유통 경로 진입이 완료된 시점부터는 TV CF, 잡지

광고 등의 매체 광고에 자원을 집중 투입하여 인식도 제고에 집중하였다.

자료 : LG전자 (2010)

┃그림 13┃ LG전자 인도시장 정수기 광고

또한 고급 이미지의 확산을 위해서는 LG전자의 통제가 가능한 판매 경로를 활용하는 전략이 필수적이었다. 다행스럽게도 인도 시장의 유통 구조 변화는 방문판매나 대여보다는 소매점 판매 경로가 확대되고 있었다. LG전자는 자사의 영업 담당들을 대상으로 고급 이미지의 제품의 특장점을 충분히 설명할 수 있도록 교육을 시행하였고, 고유 직영 판매점을 1차 경로로 하여 진입하였다. LG전자 인도 법인 전체 매출에서 직영 판매점이 차지하는 비중은 약 15% 수준이며 전자레인지, 청소기 등 도시형 제품의 비중은 30% 수준이다. 또한 정수기 사업이 제품 판매뿐 아니라 제품 설치, 사후 유지관리 등이 잘 지원되어야만 브랜드 평판을 쌓고 지속적인 순환 사업을 기대할 수 있는 속성이 있음을 감안하여 유지관리 서비스를 고급 이미지의 핵심 성공 요인으로 고려하였다. 이에 따라 직영 서비스센터가 소재한 25개의 지점 관할 지역을 1차 진입 대상 지역으로 한정하였다. 이처럼 1차 판매 경로는 LG전자의 고유 직영 판매점으로 하여 6개월 내 사업 안정화 완료를 목표로 한 후, 일반 판매점 유통과 우수 공인 서비스센터(Authorized Service Center) 관할 지역의 유통까지 추가 진입을 확대하여 궁극적으로는 1년 내에 인도 전 지역의 주요 소매점 판매 경로 커버를 목표로 인도 전국적인 시장 진입을 완료하고자 했다.

4.2 현지화 전략

서민교와 김희준(2014)은 현지화의 전략적 모형을 생산·시장 관리·인적자원·연구개발 등의 경영관리 측면, 현지 사회와의 융화 측면, 본사의 현지 자회사 권한 위양 측면의 3가지 관점에서 제시하였다. 이러한 모형에 비춰보면 LG전자는 1997년 인도 현지에 직접 투자 형식으로 이미 진출한 이후 줄곧 현지화 전략을 실행해 오고 있다고 할 수 있다.

앞서 LG전자의 국제화 경험에서도 언급했듯이 LG전자는 노이다와 푸네 지역에 공장을 건설하여 현지 생산을 하고 있으며, 현지 채용을 통한 영업 조직 운영, 현지 연구개발 조직 운영 등의 경영관리 측면뿐 아니라 지속적인 사회적 책임 활동을 통한 현지 사회와의 융화를 이루고 있다. 또한 현지 법인에 권한을 위양하여 주인의식을 갖고 경영하도록 하는 경영 현지화도 이루었다. 정수기 제품의 출시와 사업 추진 역시 이러한 현지화 전략에 기반을 두어 기존의 현지화 전략의 연장선상에서 이루어지고 있다고 할 수 있다. 실제로 인도 현지 디자인 조직의 결정에 따른 제품 색상이 반영되어 호평을 받기도 하였다. 한국적 사고방식에서는 정수기는 물과 관련된 제품이기 때문에 보통 흰색의 색상을 선호하는 것에 비해 인도 사람들의 선호도가 높은 청색 기미가 있는 적색 계통의 버건디 컬러를 제품에 반영하였고, 이는 현지 소비자들의 큰 관심을 끌게 되었던 것이다. 이처럼 현지 법인의 책임 경영 체제하에 시장 관리 및 영업, 연구개발 등의 기능에 관련된 인적자원과 조직을 정수기 사업에 그대로 적용하여 활용하고 있다. 다만 현지 생산의 경우는 한국산 제품이라는 이미지를 어필하며 고급 시장이 성숙된 이후 적절한 시점을 선택하는 것으로 계획하고 있다. 또한 현재로서는 현지에서 필터나 스테인리스 저수조 등의 부품을 만들 곳이 없어 부품 현지화가 되지 않기 때문에 우선 한국에서 제품을 생산하기로 하였으나, 향후에는 원가경쟁력 확보를 위하여 인도 현지 생산 공장에 정수기 제품 라인을 추가 신설하는 것을 고려하고 있다.

V 결론 및 시사점

제1절 요약 및 시사점

본 연구는 후발기업의 전략에 대한 여러 이론들 중 특히 재정위화, 경영자 의지, 조직역량, 혁신전략을 중심으로 한 이론적 고찰을 통해 명제를 제시하여 후발기업이 선발기업의 강력한 시장 우위를 어떻게 극복하고, 목표한 전략적 성과를 거두기 위하여 후발기업의 우위를 어떻게 이용하였는지에 대하여 국내 어떤 산업보다 선발기업의 강력한 시장 지배력이 구축되어 있는 정수기시장에 도전한 LG전자의 사례 분석을 통하여 확인하였다. 본 연구의 결과를 요약하면 다음과 같다.

첫 번째, 실증연구에서는 국내정수기시장에서의 후발기업의 진입전략의 수립 과정에 있어 외부환경과 후발기업의 전략에 대한 여러 이론들 중 내부역량의 활용, 혁신전략, 리더의 전략적 리더십을 중심으로 한 이론적 고찰을 통해 후발기업의 환경요인과 진입 전략이 실제 목표한 전략적 성과에 유의미한 영향을 미치는지를 실증 분석하였다. 시장의 불확실성이 커지고 경쟁강도가 심화되는 경영환경 하에서 많은 기업들은 기존 제품을 가지고 새로운 시장에 진입하거나 새로운 제품을 통해 새로운 시장에 진입하는 등의 후발기업의 경로를 선택하게 된다. 어떤 산업이든 가장 앞선 기업이 선발기업이라면 그 나머지 기업들은 모두 후발기업의 포지션에 위치하게 되어 성과에 유의미한 후발기업의 진입 전략의 중요성은 기업 현장에서 더욱 절실하게 느끼게 된다.

특히 국내 어떤 산업보다 선발기업의 강력한 시장 지배력이 구축되어 있는 정수기시장에서 후발기업의 진입 전략을 종합적으로 추진해 왔던 LG전자의 관련 사업본부를 연구 대상으로 하였다. 본 연구의 결과를 요약하면 다음과 같다.

먼저 본 연구에서는 이론적 고찰을 통해 후발기업이 취할 수 있는 전략을 내부역량 활용과 혁신 전략, 리더의 전략적 리더십의 세 가지 요인으로 제시하였다. 또한 후발기업의 성과를 재무적 성과와 비재무적 성과로 나누어 구체적으로 살펴보았다. 가설을 검증하기 위하여 정수기시장의 후발기업인 LG전자 사업본부를 대상으로 설문조사를 실시하였다.

분석결과, 후발기업의 전략적 리더십, 내부역량 활용, 혁신 전략과 재무적 성과와의 관계에 대한 가설 1-1, 1-2, 1-3은 모두 채택되었다. 이는 후발기업이 보유하고 있는 핵심역량 등의 내부역량을 활용하는 전략과 선발기업 대비 차별화를 위한 혁신 활동에 기반한 전략, 그리고 이러한 전략의 실행 주체로서의 리더의 전략적 리더십은 후발기업이 목표하는 재무적 성과를 달성하는데 긍정적인 영향 관계를 가진다는 것을 나타낸다. 다음으로 후발기업의 전략적 리더십 전략과 내부역량 활용과 기업의 비재무적 성과와의 관계에 대한 가설 2-1, 2-2, 2-3은 채택되었다. 이는 후발기업이 보유하고 있는 내부역량을 활용하는 전략과 이러한 전략의 실행 주체로서의 리더의 전략적 리더십은 후발기업이 목표하는 비재무적 성과를 달성하는데 긍정적인 영향 관계를 가진다는 것을 나타낸다. 그러나 혁신 전략은 비재무적 성과에 음의 영향을 미쳤다.

종합해보면, 기업이 특정 시장에 진입하는 것을 염두에 둔다면 자사가 가진 경쟁력을 파악하고 정확하게 규명하는 것을 전제로 차별화하는 전략이 필요하다는 것을 시사하는 결과이다. 더불어 단기적으로 성과를 얻기 힘든 후발기업의 위치에서 무엇보다 전략적 리더십의 활용이 결정적인 성공 요인이 된다는 것을 간과해서는 안 될 것이다.

두 번째로, 후발기업의 국내 진출 전략 사례연구를 실시하였다. 국내 정수기시장의 경우 선발기업인 코웨이의 확고한 우위가 수년간 지속되어온 특징을 가지고 있다. 코웨이는 기술적 우위 및 독특한 방판 조직에 기반한 구매자의 높은 전환 비용을 구축해 가며, LG전자가 도전을 시작한 2009년 시장의 강자로 군림하고 있었다. 그런데 결과적으로 정수기시장의 경쟁 환경은 LG전자가 진입한 2009년 시점부터 변화하기 시작하여 2015년 기준 코웨이의 점유율은 43%까지 낮아지게 되었다. 이러한 과정에는 LG전자가 후발기업으로 실행했던 추격 전략이 적지 않게 영향을 미쳤다고 할 수 있다.

LG전자는 둔화되어 가는 가전 시장에서 성장의 활로를 찾기 위한 전략적 판단에 따라 신성장 동력 발굴을 꾀하였고, 그 결과 헬스케어 사업의 로드맵을 결정하고 그러한 맥락에서 첫 번째 시도한 제품이 바로 정수기였다. LG전자가 시장 진입과 정수기시장 내 주요 플레이어로 자리잡을 수 있었던 요인은 크게 4가지로 요약할 수 있다. 첫째, LG전자의 재정위화 전략이다. LG전자는 정수기시장의 가치 사슬을 연구개발, 제조, 판매, 유지관리로 정의하였고, 특히 시장의 법칙으로까지 고착화된 선발기업의 방판 방식에 대비하여 판매 부분을 가장 취약한 약점으로 판단하였다. 따라서 이를 극복하기 위하여 기존 시장의 법칙과 다른 방식으로 접근하고자 하였다. 이를 위해 선발기업이 하나의 시장으로 인식한 시장을 세분화하여 3개의 목표 고객을 선정하고 마케팅 전략을 추진하였다. 그리고 LG전자가 보유하고 있던 판매망인 베스트샵을 활용한 고객의 체험 기회를 제공하고 제품 설명의 기회를 확보하여 목표 고객에게 LG정수기를 확실하게 인식하도록 하였다. 이로써 프리미엄이라는 새로운 특화 시장을 창출하여 강력한 선발기업들의 틈새를 비집고 시장에 안착할 수 있었다. 둘째, 새로운 제품과 시장에 대한 도전에 대한 추진력을 지속하게 한 경영자의 의지를 꼽을 수 있다. 당시 LG전자 사업 대표와의 인터뷰에서의 표현을 빌린다면 경영자의 의지는 헬스케어라는 더 큰 시장의 진입을 위해 물 사업을 반드시 해야 한다는 일념으로 대변될 수 있다고 하겠다. 이러한 리더십은 결국 조직 내부의 우려를 불식시키고 정수기 시장에 성공적으로 안착하고 정수기냉장고와 같은 제품 융합 등의 성과를 이끌어낸 주요한 동기라고 할 수 있다. 셋째, LG전자가 확보하고 있던 내부 지식 우위이다. LG전자는 후발기업이었음에도 불구하고 가전 시장에서의 충분한 경험과 노하우를 통해 정수기 제품의 핵심 기술인 컴프레샤(compressor) 기술, 냉동사이클 기술, 알고리즘(algorithm) 기술에 대한 경쟁력 있는 기술력을 보유하고 있었고 이는 LG전자가 정수기시장에 대한 자신감을 가질 수 있었던 큰 자산이었다. 넷째, 혁신모델로써 LG전자는 선발기업의 정수기 제품과 대비하여 세 가지의 혁신적인 차별화 요인을 통해 프리미엄 시장을 창출해 낼 수 있었다. 이는 기존 제품의 통념을 깬 스테인리스 저수조와 위생관리를 극대화한 살균 서비스, 고급스러운 디자인으로서 새롭고 우월한 가치를 정수기 제품에 부가한 것이라고 할 수 있다.

이와 같은 전략 추진에 따라 LG전자는 점유율과 인지도를 단기간에 확보해 가며 선발기업들이 긴장하게 하는 강력한 경쟁자로 떠올랐다. 하지만 선발기업의 우위를 잘 활용한 코웨이의 방어전략에 재무적 관점에서의 주목할 만한 성과를 거두지는 못한 상황이다. LG전자가 다국적 기업으로서 국내 시장에서의 경험을 발판으로 한 해외 시장 진출의 발판을 마련하였고 냉장고와의 제품 융합 등의 성과를 거두었다고 하지만 국내 정수기시장의 사례만을 볼 때에는 여전히 선발기업인 코웨이의 시장 우위가 강력하게 존재하고 있다. 이는 다수의 후발기업들이 시장에 진입한 이후 장기적으로 경쟁력을 갖추기 위해서는 진입 전략 뿐 아니라 강력한 우위를 활용한 선발기업의 방어 전략에 대한 전략적 대응 역시 간과해서는 안된다는 점을 환기시켜 준다. 특히 LG전자의 등장으로 특화 제품을 가지고 등장한 경쟁기업들이 많아지면서 절대 강자였던 코웨이의 시장 점유율이 낮아졌고, 코웨이가 웅진그룹과 분리되면서 거버넌스에서의 변화 등으로 정수기시장에서의 동태성은 더욱 높아져 있다고 할 수 있다.

결론적으로 본 사례 연구는 후발기업의 시장 진입 전략과 성과 결정요인에 관한 사례 연구를 통해 새로운 제품과 시장에 진출하고자 하는 기업에 기초자료로 제공될 수 있다는 점에서 의의가 있다고 하겠다.

마지막으로, 후발기업의 해외 진출 전략 사례연구를 실시하였다. 해외시장 진입 관련하여 현재 LG전자는 보유한 역량을 최대한 활용하여 인도 시장에 성공적인 진입을 이루었다. LG전자는 다국적 기업으로서 정수기 사업을 출시할 시점부터 국내외 시장을 모두 고려하고 있었으며, 특히 국내 시장의 가열된 경쟁 환경은 해외시장 진출의 직접적인 동기 요인이 되었다. 현지국 요인의 관점에서 인도 시장은 불안정한 수질 및 상·하수 환경과 경제력 향상 등의 사회·경제적 변화가 정수기시장 성장 배경이 되고 있으며, 현지 지역 업체의 기술력 수준을 고려할 때 LG전자가 경쟁 환경에서도 우위를 점할 수 있는 요인이 존재한다. LG전자는 인도 시장을 해외 진출 시장의 최우선 순위로 판단하였는데 여기에는 LG전자가 가진 핵심 역량이 큰 영향을 미쳤다. 즉 LG전자는 인도 시장 진출에 활용할 수 있는 내부적인 인적·물적 자원을 보유하고 있었고, 1997년부터 이미 인도에 진출하여 상당한 시장 경험을 축적하고 있었다. 여기에 사업 리더의 강력한 의지가 더해지면서 사업 추진을 지속하고 또한 가속화할 수 있었다. 한편 LG전자는 정수기 제품의 주요한 속성을 제품 기술과 유지관리 서비스를 통한 순환 사업이자 타제품 구매로 이어지는 연결고리의 의미로 인식하였고, 이는 현지 지역 업체들의 제품 및 서비스 대비 경쟁 우위 요소가 될 수 있었다. 이러한 상황에서 LG전자는 경쟁이 치열한 일반 시장에 진입하기보다 고급 시장에 위치하는 전략을 통해 효과적으로 시장에 진입할 수 있었다. 더불어 기존에 추진해 오던 현지화 전략과 연계하여 향후 성과 창출에 밝은 전망을 갖게 하고 있다.

이를 해외시장 결정요인으로 정리하면 LG전자가 해외시장 진출을 결정한 1차적인 이유는 본국 요인에서 찾을 수 있을 것이다. 이후 LG전자가 우선 진출하고자 하는 시장을 탐색하고 의사결정을 했던 요인은 현지국 요인과 기업 요인, 제품 요인의 종합적 판단에 따른 것이다. 이후 시장에 효과적으로 진입하기 위하여 기존의 현지화 전략에 고급 시장 점유 전략이라는 차별화를 추진함으로써 목표한 바를 이루고 있다. 그러나 한편으로는 LG전자가 목표로 하고 있는 고급 시장은 전체 시장과 대비해서는 큰 비중을 차지하고 있지는 않다. 바로 이 점이 LG전자의 향후 과제가 되고 있다. 현재 인도 시장 내 시장점유율 약 79%를 차지하고 있는 지역 업체의 3강 구도에 LG전자가 진입하여 규모의 경제를 이루기 위해서는 이들과 필수적으로 승부를 보아야 한다. 즉 고급 시장이 아닌 일반 시장에 들어갈 수 있는 제품 개발과 전략이 필요한 것이다. 이를 위해서는 위험을 감내하더라도 한계이익을 산정하여 상대적으로 가격을 낮춘 제품 개발이 가능하도록 극한의 원가경쟁력을 확보해야 할 것이다.

LG전자는 인도 시장에 효과적으로 진입할 수 있었던 상기의 핵심 역량과 사업 전략을 바탕으로 2014년부터 본격적으로 정수기 사업 확대를 추진하고 있으며, 인도 정수기 사업의 성공 여부에 따라 향후 정수기 해외 사업이 성공적으로 확산될 수 있을 것인지, 아니면 한국 내수에 한정된 사업으로 남게 될 것인지를 판가름하게 될 중요한 시험대에 올라 있는 상황이다.

본 연구의 시사점으로는 첫째, 실증연구를 통해 선행연구를 토대로 만든 후발기업의 진입 전략 요인이 기업의 재무적, 비재무적 성과에 유의미한 영향을 미치는 것으로 나타나 기업이 시장에 후발 진입하는 경우에 성과 창출의 중요한 요인으로 작용하고 있음이 밝혀졌다.

둘째, 후발기업의 국내 진출 전략 사례 연구를 통하여 재정위화 전략과 경영자 의지, 기업의 자원기반 관점의 내부역량, 혁신 전략은 후발기업의 추격 전략을 설명하는 중요한 요소로 작용하고 있음이 확인되었다. 더불어, 실제 경영 현장에서 후발기업은 단일 전략만을 추구하지 않고 복수의 전략을 동시에 추진하게 되는데 본 연구에서는 재정위화, 내부역량, 혁신 모델을 모두 다룬 사례를 통하여 후발기업이 시장 진입을 결정할 때 전략 결정을 위하여 종합적으로 고려해야 할 요소에 대하여 실무적으로 고려해야 될 시사점을 제공한다고 할 수 있을 것이다. 또한 본 연구에서는 후발기업인 LG전자의 관점에서만 본 사례를 연구하지 않고 선발기업인 코웨이의 방어 전략도 고려함으로써 단편적인 시각을 배제하고자 하였다. 이를 통해 후발기업이 시장에 진입하는 자체에 초점을 맞춰 단기간의 성과에 만족하기보다 진입 이후 선발기업이 당연히 취하게 되는 방어 전략에 대한 대응 역시 반드시 고려해야 할 요소라는 것을 제시하였다.

셋째, 후발기업의 해외 진출 전략 사례 연구를 통하여 본국 요인과 현지국 요인, 기업 요인과 제품 요인 등은 기업의 해외 진출을 설명하는 중요한 요소로 작용하고 있음이 밝혀졌다. 결국 본 연구는 인도를 포함한 해외시장의 가능성을 고려한 기업의 해외 진출에 관하여 시장 진입 방식과 성과 결정요인에 관한 사례 연구를 통해 해외시장에 진출하고자 하는 기업에 기초자료로 제공될 수 있다는 점에서 의의가 있다고 하겠다. 이러한 측면에서 인도 시장에 진출하려는 한국 기업이 시장 진출 시 어떤 요소를 고려해야 하는가에 더불어 전략 결정을 위하여 어떻게 종합적으로 분석하는지에 대하여 실무적으로 고려해야 될 시사점을 제공한다고 할 수 있겠다.

제2절 연구의 한계점 및 향후 연구 계획

본 연구는 첫 번째, 국내 정수기시장에서의 후발기업의 Catch-Up 전략 요인에 관하여 실증연구를 실시하였다. 본 연구에서 후발기업의 성과에 영향을 미치는 진입 전략 결정 요인을 도출하여 실증 분석한 결론을 일반화하기에는 분명한 한계가 있다. 본 연구에서처럼 선발기업의 강력한 선점이 있는 시장에서 후발기업의 전략적 선택에 대한 성과는 분명해지겠지만 다수의 후발기업 또는 다른 산업으로 연구의 대상을 넓혀 후발기업의 진입 전략이 성과에 미치는 영향이 동일하게 작용하는지를 검증할 필요가 있다. 또한 성과에 대한 종속변수의 선정을 실제 후발기업의 재무적 지표를 활용하는 등 경제적 성과에 대한 2차 자료를 병행한다면 더욱 설명력이 높은 연구가 될 것이다.

두 번째, LG전자 정수기 제품의 사례를 대상으로 후발기업의 국내시장 진입에 영향을 주는 요인들을 살펴보았는데 다음과 같은 몇 가지 한계점을 내포하고 있다. 첫째, 후발기업의 전략에 따른 성과 결정 요인을 복합적으로 다루다보니 각각의 요인별로 보다 세부적인 전략 유형에 대한 연구가 필요하다는 것이다. 둘째, 본 연구는 선발기업에 못지않게 보유한 자원이 많은 대기업이 후발기업인 경우에 해당하여 일반적으로 창업 단계의 기업이나 중소기업 등에 해당하는 후발기업들의 상황에 연구결과가 직접적으로 반영될 수 있다고는 보기 어려울 것이다. 따라서 본 연구에서 도출된 결과를 일반화하는 것에 다소 한계를 지닌다. 또한 사례 연구의 근본적인 문제점인 과학적 일반화 가능성에 대한 한계를 가지고 있다.

세 번째, 후발기업의 해외 진출 전략 사례연구를 통해 LG전자 정수기 제품의 인도시장 진입에 영향을 주는 요인들을 살펴보았는데 아래와 같이 몇 가지 한계점을 지니고 있다. 첫째, 본 연구는 국제화 경험을 충분히 보유한 다국적 기업의 수준에서 추진되었기 때문에 연구결과를 모든 기업들의 상황에 적용되는 데는 한계를 지닌다고 볼 수 있을 것이다. 따라서 본 연구의 결과를 일반화하는 것에 다소 한계를 지닌다. 둘째, 최근인 2014년에 본격적으로 사업 확대를 추진하고 있는 시점으로 인하여 인도 시장 진출에 따른 가시적인 경영 성과가 제시되지 못하였다. LG전자가 취한 해외 진출 전략이 유효하였는지를 검증하기 위해서는 전략의 실행 결과에 따라 재무적 성과가 어떠하였는지를 종단적으로 검토할 필요가 있다. 재무적 지표를 병행하여 경제적 성과를 분석한다면 더욱 설명력이 높은 연구가 될 것이다.

향후 연구계획으로는 첫째, 실제 후발기업이 추격 전략을 통해 선발기업을 추월하는 경우가 쉽지 않은 만큼 후발기업은 재정위화 전략과 경영자 의지, 내부역량, 혁신 전략을 복합적으로 추진하되 장기적인 경쟁력을 확보해 나가기 위해서는 선발기업이 취할 수 있는 방어 전략을 예측하고 대응해야 할 것이다. 본 연구에서 제시하지 못한 한계점들을 보완하는 한편, 향후에는 후발기업이 선발기업을 추월하는 특징을 보이는 다른 산업에서 좀 더 폭넓고 계량화된 분석이 필요할 것이다.

둘째, 본 연구에서 제시하지 못한 한계점들을 보완하는 한편, 국내 다른 정수기 회사의 진출 사례가 빈번해질 경우 이들 기업 간 비교 또는 LG전자의 타 제품

간 진출 전략의 비교 분석 등 매년 변화하는 현황들을 좀 더 면밀히 분석하여 심도 있는 연구가 필요할 것이다.

셋째, 향후에는 업종을 다양하게 늘려서 서비스분야와 IT산업, 유통, 조명, 식음료 등 후발기업의 진입에서의 성공과 실패요인을 충분한 모수에서 샘플링을 하여 실증으로 좀 더 다양한 통계적 기법을 활용하여 분석하여 설명력을 늘리는 것이 필요하다.

■ 참고문헌

강병오(2011), “중소기업 CEO의 창업가정신(Entrepreneurship)이 기업성과에 미치는 영향에 관한 연구 : 프랜차이즈 기업을 중심으로,” 중앙대학교 대학원, 박사학위논문.

강태구, Lei Zhang(2007), “The Impact of Entry Timing and Mode on the Performance of Korean FDI in China,” 국제지역연구, 11(2), 44-67.

권오성(2004), “인도의 통신규제 정책과 시장 분석,” 국제무역연구, 10(2), 133-156.

김경, 이동인(2004), “다국적 호텔기업의 해외시장 진입 방식 결정요인,” 경영학연구, 33(1), 1-23.

김철, 김진(2009). “인도 진출 한국기업의 경쟁우위요인과 경영성과에 대한 연구,” 국제지역연구, 13(1), 265-286.

김효율, 이찬근 1995. “한국의류업체의 대 중국 현지화 전략,” 한국중소기업연구, 17(1), 23-46.

류귀진, 홍무궁, 권혁인(2016), “박물관 서비스 만족도에 영향을 미치는 3차원 서비스품질 모형 적용 연구,” 경영교육연구, 31(4), 361-380.

문철우 2008. “인도 신유통 산업의 발전: 동인 분석 및 성장 시나리오의 예측,” 국제지역연구, 11(2), 209-236.

박선민, 이은미(2010), “한-인도 교역 10년의 평가 및 우리 기업의 대응방안,” 한국무역협회, 9(22), 15-17.

박의범, 김은주(2002), “한국기업의 대 중국진출 현지화전략에 관한 연구,” 국제통상연구, 7(2), 1-25.

박종삼(2013), “인도물류시장의 우리기업 진출방안,” 한국물류학회지, 23(5), 97-117.

방호열, 이상기(1998), “한국 서비스기업의 해외시장진입 방식의 선택모형,” 무역연구, 23(3), 39-63.

배병렬(2014), Amos21 구조방정식모델링, 서울: 청람.

배일현, 주용준(2013), “인도진출 한국기업의 활성화 전략에 관한 연구,” 한국물류학회지, 23(5), 433-447.

비즈니스포스트, 2014년 8월 16일자, 코웨이는 정수기시장을 어떻게 평정했나.

서대교, 신종협(2011), “한국 보험회사의 인도 보험시장 진출 전략,” 인도연구, 16(1), 33-72.

서민교, 김희준(2014), “인도 진출 한국기업의 현지화에 관한 사례 연구,” 통상정보연구, 16(4), 409-437.

성용모(2000), “한국기업의 해외시장 진입 방식 선택: 절충 이론과 국제 전략의 결합,” 중소기업연구, 22(2), 237-260.

우종필(2012), 구조방정식모델 개념과 이해, 서울: 한나래.

윤동진(2002), “현대자동차의 인도 진출전략과 애로사항 극복과정,” KBR(구 경영교육연구), 5(2), 162-189.

이동현(2005), “글로벌 철강 사업에서 후발기업의 전략에 관한 연구,” 국제지역연구, 9(2), 346-370.

이명무, 김윤호(2008), “국내기업의 친디아(Chindia) IT 산업 진출 방안,” 인도연구, 13(1), 95-138.

이서영(2005), “인도시장에서 우리나라 수출상품의 경쟁력 강화방안,” 창업정보학회지, 8(4), 47-66.

이윤철, 이동현(1999), “첨단기술 산업에서 후발기업의 catch-up 전략에 관한 연구,” 전략경영연구, 2(1), 23-46.

이장로, 신만수, 장세진, 김익수, 조명현(2000), 한국기업의 국제 경영: 현지화전략을 중심으로, 서울: 고려대학교 출판부.

이재혁, 김순성(2014), “브랜드 포지셔닝 전략과 글로벌 경쟁력 : 현대자동차 인도법인의 사례를 중심으로,” 국제경영연구, 25(1), 59-87.

이중우, 고광근(2013), “신흥시장진입과정에서 기업의 네트워킹역할과 몰입에 관한 연구: 현대자동차의 중국과 인도자동차시장 진입사례,” 국제경영연구, 24(4), 49-83.

전자신문, 2015년 5월 10일자, [이슈분석]격화되는 2조 4000억원 정수기 물 전쟁.

정기호, 고현정(2007), “제3자 물류기업의 인도 시장 진출을 위한 기업 경쟁력 평가모형,” 한국물류학회지, 17(3), 27-48.

정무섭, 표민찬, 이지은(2013), “인도 증권시장의 투자 유형별 성공사례 연구,” 유라시아연구, 10(2), 1-21.

정성춘(2014), “2015년 세계경제 전망,” 대외경제정책연구원

해외투자진출정보포털, 2012년 7월 31일자, 인도 水처리 산업에 눈을 뜨다.

추승엽, 유정민, 임성준(2009), “경영환경, 경쟁전략 및 기업 내부역량 간의 적합성이 성과에 미치는 영향에 관한 연구,” 전략경영연구, 12(1), 101-126.

최규성, 박정열(2015), “정수기 제품의 인도 시장 진출 결정요인 및 진입 전략에 관한 연구: LG전자 사례를 중심으로,“ 인도연구, 20(2), 1-57.

최규성, 박정열(2017), “국내 정수기시장에서의 후발기업 전략 요인에 관한 실증 연구,” 기업연구저널, 12(1), 게재예정.

최규성, 신호상(2016), “후발기업의 전략모델에 대한 탐색적 연구: LG전자의 사를 중심으로,“ 유통과학연구, 14(10), 81-91.

허영도(1998), “해외직접 투자 기업의 진입 전략 선택과 성과에 관한 연구,” 국제 경영연구, 9(1), 155-181.

허영도(2008), 글로벌시대의 국제경영론, 서울: 두남.

LG전자 2010. “H&A사업본부 인도 정수기 미디어 전략 보고서”

LG전자 2010. “H&A사업본부 시장분석 보고서”

LG전자 2012. “H&A사업본부 정수기 인도 현지 생산 타당성분석 보고서”

LG전자 2014. “H&A사업본부 시장분석 보고서”

LG전자 2015. “H&A사업부 인도 정수기 사업 시장분석 보고서”

Abernathy, W., & Utterback, J.(1978), Patterns of industrial innovation. *Technology Review*, 80(7), 40-47.

Arthur, W. (1989), Competing technologies, increasing returns, and lock-in by historical events. *The Economic Journal*, 99(394), 116-131.

Agarwal, S., & Ramaswami, S. N. (1992). Choice of foreign market entry mode: Impact of ownership, location and internationalization factors. *Journal of International Business Studies*, 23(1), 1-27.

Bain, J. S. (1956). *Barriers to new competition*. Cambrige, MA: Harvard University Press.

Barney, J. B. (1991). The resources and theory of competitive advantage. *Journal of Management,* 17, 99-120.

Berndt, E., Pindyck, R., & Azoulay, P. (2003). Consumption externalities and diffusion in pharmaceutical markets: antiulcer drugs. *Journal of Industrial Economics,* 51(2), 243-270.

Brouthers, K. D., Brouthers, L. E., & Werner, S. (1996). Dunning's eclectic theory and the smaller firm: The impact of ownership and locational advantages on the choice of entry-modes in the computer software industry. *International Business Review,* 5(4), 377-394.

Contractor, F. J., & Kundu, S. K. (1998). Modal choice in a world of alliances: Analyzing organizational forms in the international hotel sector. *Journal of International Business Studies*, 29(2), 325-356.

Christensen, C. M. (1997). *The innovator's dilemma: When new technologies cause great firms to fail*. Harvard Business School Press, Boston, M.A.

Chae, J. S., Lee, N. G., Hwang, I. Y., & Park, S. Y. (2015). The Influence of leadership style on employee creativity: Focusing on the mediating effect of self-efficacy. *East Asian Journal of Business Management*, 5(4), 73-81

Choi, K. S., & Park, C. Y. (2015). A Study on the determinants and entry strategy of water purifier products into the Indian market: Focused on the case of LG electronics Co.. *The Korean Society for Indian Studies*, 20(2), 1-57.

Cohen, W. M., & Levinthal, D. A. (1990). Absorptive capacity: A new perspective on learning and innovation. *Administrative Science Quarterly*, 35(1), 128-152.

Dunning, J. H. (1980). Towards an eclectic theory of international production: Some empirical tests. *Journal of International Business Studies*, 11(1), 9-31.

Dunning, J. H. (1993). *The Internationalization of the production of services: Some general and specific explanations*. In Aharoni, Y., ed., (1993). Coalitions and competition: The globalization of Professional Services, London: Routledge, 78-101.

Edwards, R., P. Buckley (1998). Choice of location and mode: The case of Australian investors in the UK. *International Business Review*, 7, 503-520.

Ethiraj, S., & Zhu, D. (2008). Performance effects of imitative entry. *Strategic Management Journal*, 29(8), 797-817.

Eisenhardt, K. M. (1989). Building theories from case study research. *Academy of Management Review*, 14(4). 532-550.

Ethiraj, S., & Zhu, D. (2008). Performance effects of imitative entry. *Strategic Management Journal*, 29(8), 797-817.

Finkelstein, S., & Hambrick, D. C. (1996), *Strategic leadership: Top executives and their effects on organizations*. St. Paul, MN: West Publising Company.

Geroski, P. A. (1991). *Market dynamics and entry*. Basil Blackwell Ltd, Oxford.

Golder, P. N., & Tellis, G. J. (1993). Pioneering advantage: Marketing logic or marketing legend?. *Journal of Marketing Research,* 30, 158-170.

Grant, R. M. (1991). The Resource-based theory of competitive advantage: Implication for strategy foundation. *California Management Review,* 119-135.

Ganesh, J., V. Kumar, V. Subramaniam (1997). Learning effect in multinational diffusion of consumer durables: An exploratory investigation. *Journal of the Academy of Marketing Science,* 25(3), 214-228

Gates, S., W. Egelhoff (1986). Centralization in head-quaters-subsidiary relationships. *Journal of International Business Studies,* 17(2), 71-92.

Gupta, A., K. & V. Govindarajan (1984). Business Unit Strategy, Managerial Chracteristics at Strategy Implementation, *Academy of Management Journal,* 27, 25-41.

Hambrick, D. C. (1989). Guest editor's introduction: Putting top managers back in the strategy picture. *Strategic Management Journal*, 10, 5-15.

Hambrick, D. C., & Mason, P. A. (1984). Upper echelons: The organization as a reflection of its top managers. *Academy of Management Review*, 9(2), 193-206.

Hauser, J. R., & Wernerfelt. B. (1990). An evaluation cost model of consideration sets.

Journal of Consumer Research, 16(4), 393-408.

Hoppe, H., & Lehmann-Grube, U. (2001). Second-mover advantages in dynamic quality competition. *Journal of Economics & Management Strategy*, 10(3), 419-433.

Hennart, J. F., J. Larimo (1998). The impact of culture on the strategy of multinational enterprises: Does national origin affect ownership decision?. *Journal of International Business Studies*, 29(3), 515-538.

Johanson, J., J. E. Vahlne (1977). The internationalization process of the firm: A model of knowledge development and increasing foreign market commitment. *Journal of International Business Studies*, 8(1), 23-32.

Ireland, R. D., & Hitt, M. A.(1999). Achieving and maintaining strategic competitiveness in the 21st century: The role of strategic leadership. *Academy of Management Executive*, 13, 43-57.

Katz, M., & Shapiro, C. (1985). Network externalities, competition, and compatibility. *The American Economic Review*, 75(3), 424-440.

Kerin, Roger A., Varadarajan, P. R., & Peterson, Robert A. (1992). First-mover advantage: A synthesis, conceptual framework, and research propositions. *Journal of Marketing*, 56, 33-52.

Kim, W. C., & Mauborgne, R. (1997). Value innovation: The strategic logic of high growth. *Harvard Business Review*, January-February. 103-112.

Kim, W. C., & Mauborgne, R. (2005). *Blue ocean strategy*. Harvard Business Review Press.

Kogut, B., & Zander, U. (1992). Knowledge of the firm, combinative capabilities, and the replication of technology. *Organization Science*, 3(3), 383-397.

Kogut, B., H. Singh (1988). The effect of national culture on the choice of entry mode. *Journal of International Business Studies*, 19(3), 411-432.

Lee, K., & Lim, C. (2001). Technological regimes, catching-up and leapfrogging: findings from the Korean industries. *Research Policy*, 30(3), 459-483.

Lieberman. M. B., & Montgomery, D. B. (1988). First-mover advantages. *Strategic*

Management Journal, 9, 41-58.

Lieberman. M. B., & Montgomery, D. B., (1998). First-mover (dis)advantages: retrospective and link with the resource-based view. *Strategic Management Journal*, 19, 1111-1125.

Lee, D. H. (2005). Latecomer strategy in global steel industry. *International Area Studies Review*, 9(2), 346-370.

Lee, Y. C., & Lee, D. H. (1999). Follower's catch-up strategies in high-tech industry. *Journal of Strategic Management*, 2(1), 23-46.

LG Electronics (2009). Healthcare business and long-term business report, 10 June

Liao, Shih-Chung (2014). Building a product design of innovative strategy for creating enterprise development. *Journal of Industrial Distribution & Business*, 5(1), 17-25.

Mahoney, J. T., & Pandian, J. R. (1992). The resource-based view within the conversation of strategic management. *Strategic Management Journal*, 13(5), 363-380

Markides, C., & Sosa, L. (2013). Pioneering and first mover advantages: The importance of business models. *Long Range Planning*, 46(4), 325-334.

McDougall, P. P., Shane, S., & Oviatt, B. M. (1994). Explaining the formation of international new ventures: The limits of theories from international business research. *Journal of Business Venturing*, 9(6), 469-487.

Mutinelli, M., L. Piscitello (1998). The influence of firm's size and international experience on the ownership structure of italian FDI in manufacturing. *Small Business Economics*, 11(1), 43-56.

Nunnally, J. C. (1978). *Psychometric theory.* New York, McGraw-Hill.

Penrose, E. (1959). *The theory of the growth of the firm.* Basil Blackwell Ltd, Oxford.

Peteraf, M. A. (1993). The cornerstones of competitive advantage: A resource-based view. *Strategic Management Journal*, 14(3), 179-191.

Perlmutter, H. V. (1969). The tortuous evolution of multinational enterprises. *Columbia Journal of World Business*, 1, 9-18.

Porter, M. E. (1980). *Competitive strategy.* New York: Free Press.

Porter, M. E. (1985). *Competitive advantage: Creating and sustaining superior performance.* New York: Free Press.

Prahalad, C. K., & Hamel, G. (1990). The core competence of the corporation. *Harvard Business Review.* 68(4), 79-93.

Pukyong National University (2012). Biofilm-formation ability of the tank samples / antibacterial compare. 4 April

Roberts, P., & McEvily, S. (2005). Product-line expansion and resource cannibalization. *Journal of Economic Behavior & Organization*, 57(1), 49-70.

Root, F. R. (1987). *Entry strategies for international markets.* Lexington: D. C. Health.

Rosenzweig, M., N. Nohria (1994). Influence of human resource management practice in multinational corporations. *Journal of International Business Studies*, 25(2), 229-251.

Schnaars, S. P. (1994). When entering growth markets, Are pioneers better than poachers?. *Business Horizons*, 29(March-April), 27-36.

Shankar, V., Carpenter, G., & Krishnamurthi, L. (1998). Late mover advantage: How innovative late entrants outsell pioneers. *Journal of Marketing Research*, 35(1), 54-70.

Spender, J. C., & Grant, R. M. (1996). Knowledge and the firm: Overview. *Strategic Management Journal*, 17(S2), 5-9.

Teece, D. (1987). *The competitive challenge: Strategies for industrial innovation and renewal.* Ballinger Pub. Co.

Tushman, M., & Anderson, P. (1986). Technological discontinuities and organizational environments. *Administrative Science Quarterly*, 31(3), 439-465.

Terpstra, V., Chwo-Ming Yu (1988). Determinants of foreign investment of U. S. advertising agencies. *Journal of International Business Studies*, 19(1), 33-46.

Urban, G., Carter, T., Gaskin, S., & Mucha, Z. (1986). Market share rewards to pioneering brands: an empirical analysis and strategic implications. *Management*

Science, 32(6), 645-659.

Wernerfelt, B. (1984). A resource-based view of the firm. *Strategic Management Journal,* 5, 171-180.

Wernerfelt, B., & Karnani, A. (1987). Competitive strategy under uncertainty. *Strategic Management Journal*, 8(2). 187-195.

Ward, Peter T., Deborah J. Bickford, G. Keong Leong (1996). Configurations of manufacturing strategy, business strategy, environment and structure. Journal of Management, 22(4), 597-626.

Yang, H. C., & Ju, Y. H. (2011). Positive integration of the franchise system: A new perspective on leadership, followership, trust and group efficacy. East Asian Journal of Business Management,. 1-1, 5-8.

▣ ABSTRACT

A Study on Strategic Model for the Late Mover

- Focused on the Case of Water Purifier Product by LG Electronics Co.-

Choi, Kyu-Seong
Seoul School of Integrated Sciences & Technologies
Advisor: Park, Cheong-Yeul, Ph.D.

Uncertainty and the intensity of competition in the market, companies are no longer satisfied with current market presence, and a lot of companies select a new market to follow the path of the late mover. Therefore, in order to achieve the goals that the importance of significant entry strategy becomes greater for the late mover. It is quite interesting subject of a research that searching how the late mover overcomes disadvantage of their product and settles down in the market. The purpose of this study is proposing the strategic model for the late mover to penetrate effectively the industry which is strongly overwhelmed by leading company. Through this study, it presents the strategic implication for several late movers to overcome the advantage of leading company. First, the empirical study on the case study was conducted how deploys the differentiation strategy established among the powerful first mover in the Korean market.

Frist, the empirical research is based on the theoretical study and set the hypothesis of the influence of performance in the process of building strategy of the late mover's exterior environments and entry strategy, the empirical analysis is set to LG Electronics Division in the water purifier product market which is dominated by the strong first movers. The study shows as follows. The late mover's entry strategies which is the use of internal capabilities, the innovation strategy and the strategic leadership affect signigicant impacts in the corporate performance. This means that present opportunities are positive impacts on the late mover's performance, it needs to secure positive for the chance in the course of strategy, needs to avoid threat factors, on the contrary.

Second, this study is a case study based on the literature review of the late mover company, and then forming the four strategic model which is consisted of Repositioning, Utilization of Competence, Strategic Leadership and Innovation. Especially, this research analysed LG electronics' example as a late mover who is challenged water purifier market where is the first mover strongly dominated than any other consumer goods industry. Through this way, it is investigate how LG electronics could enter and settle down into the water purifier market by overcoming the advantage of the powerful leading company such as Koway and Chungho. The major elements for LG electronics to enter the water purifier market effectively, are summarized as 4 elements. First, LG electronics(LGE) studied and investigated the water purifier market which is treated as one by the leading companies and conventionally. LGE founded the new special market of Premium. Then LGE segmented the water purifier market, set the target customer and executed the marketing strategy for each segments. Through this LGE could set into the market. Second, the unbending will of top manager is the key factor which could make the challenge for the new product and market persistively. Third, even though LGE is the late comer of water purifier market, but it had several competences such as Compressor which is the core technology in waterpurfier, Refrigeration Cycle technology, Algorithm which had been developed in Appliance market. LGE had profound knowledges and know-how in technology and use them effectively. Fourth, LGE created the premium market through three innovative and distinguished factors such as the Stainless internal water tank, Sterilization service which maximizes the hygienic management and Luxurious design.

Third, this study tries to find the main motivation and decision factors that LG Electronics Healthcare Division conducted in penetrating the Indian market and the key element of respective steps for significant strategy of market approach through case studies. To carry out this, specifically, this study analyzed go-to-market strategy and success factor for Indian water purifier business by LG Electronics based on the decision factors by Dunning and Root for overseas penetration, differentiation, and localization strategy. Under the intense competition, water purifier products makers try to advance product technology and extend business into high potential overseas market simultaneously.

The implications of this study are as follows : First, no matter how powerful first mover dominate the market, if making sophisticated STP(Segmentaion Targeting Positioning) strategy through the analysis of stealing customer's hearts and providing persistent valuable customer's benefits, the study showed possibility to enter the market with strong leaders's performance will.

Second, this study is meaningful to provide prerequisite items that domestic companies should be prepared prior to entering overseas market and a practical implication for strengthening the capacity.

Third, This study means to hint a point in the selection strategies for the late mover and provide a basic references. But, it needs to enlarge the study with other industry for generalizing of findings and supplementing explanation force.

About the achievement of the later mover that the actual financial measures to use data should be considered.

In conclusion, it was founded that the late mover needs to accurately identify their own competitiveness and needs to push ahead discriminative corporate strategy through innovation would be valid for the performance. And Indian market existed country-specific factor and so to create performance for Indian water purifier business by LG Electronics based on the premium proposal, outstanding differentiation and localization strategy. And according to the use of internal capabilities and the continuous strategic leadership of leaders as main agents the economic and uneconomic performance was led to the difference and affected the change through overcome the external environment.

Key words: Late mover, Water purifier product, Entry strategy, Korean market, Indian market

Student Number: 1302021010

▣ 감사의 글

어느덧 4년 이라는 짧지 않은 박사과정을 마무리하며 지난 시간들을 돌이켜보니 정신없이 보낸 시간동안에 하고 싶었고 해야만 했던 일들에 대한 많은 아쉬움과 후회가 남습니다. 박사과정의 특별함도 중요하지만 기본적인 경영학의 이해에서부터 기업가정신, 경영자마인드, CSV, 마케팅, 재무회계, 소비자, 전략, 영업, 철학, 시스템다이나믹스, 각종 통계툴(가장 아쉬움) 이해 및 능숙한 실행스킬학습 등등 경영학박사로서 기본적으로 갖춰야 될 역량을 미처 배양하지 못하고 마치는 느낌을 지울 수가 없습니다. 배움에서의 부족함 뿐만 아니라, 토요일과 일요일을 쪼개어서 4년간 이나 고락을 함께 했던 2013학번 동기박사님들과 김시경 선생님 外 학교관계자 분들께도 최선을 다하지 못했던 점과 고마운 마음을 충분하게 전하지 못했기에 더욱 그러한 것 같습니다. 아무튼 저를 오늘까지에 이르도록 짧지 않은 시간이 걸렸지만 그동안 직・간접적으로 용기를 잃지 않게 해주시고 큰 방향을 제시해 주셨던 많은 분들께 지면을 통해서 감사의 말씀을 전하고자 합니다.

부족한 사람을 늘 격려와 용기를 북돋아주며 지켜봐 주시고 지도해 주셨던 신호상 교수님과 박정열 교수님께 우선 감사의 말씀을 드립니다. 또한, 본 과정을 기획하시고 실질적으로 운영하신 대한민국 최고의 지성이신 조동성 교수님께 감사를 올리며 교수님의 제자가 되었다는 사실 자체만으로도 무척 영광스럽기만 합니다. 또한, 학생들의 세세한 일상사에서 학업성취에 이르기까지 세심하게 배려해 주시고 지도해주신 김일섭 총장님께도 감사의 말씀을 전합니다. 항상 논문의 큰 틀을 잡아주시고 마지막까지 지도를 아끼지 않으신 이윤철 교수님, 김보영 교수님, 엄재근 교수님, 이정하 교수님께도 진심으로 감사를 드립니다.

제 개인적으로는 과분했던 aSSIST 박사과정에서 함께 했던 모든 기억을 영원히 간직하고 기업에서 더 큰 성취와 사회발전에 기여하겠습니다.

후발 기업의 전략 모델에 관한 연구

- LG전자의 정수기 제품 사례 중심 -

2017년 5월 16일 | 초판 인쇄
2017년 5월 20일 | 초판 발행

지 은 이 | 최규성
발 행 인 | 김은중
발 행 처 | 서울경제경영출판사
북디자인 | (주)우일미디어디지텍

주 소 | 03767 서울특별시 서대문구 신촌로 205, 506호
전 화 | 02)313-2682
팩 스 | 02)313-8860

등 록 | 1998년 1월 22일 제5-63호

ISBN 978-89-97937-59-2 93320 정가 12,000원